Bon Noël 2015
Yamine

Manifeste pour une coexistence active

www.editionsatelier.com
www.twitter.com/ateliereditions – www.facebook.com/editionsatelier
Imprimé en France *Printed in France*
ISBN : 978-2-7082-4330-9

Samuel Grzybowski

Manifeste pour une coexistence active

LES EDITIONS DE L'ATELIER

Les Editions Ouvrières
51-55 rue Hoche
94200 Ivry-sur-Seine

à mon frère Théophile
aux femmes et aux hommes de bonne volonté
à Hana, Margot, Réda, Youssef et nos camarades

« Nous devons apprendre à vivre ensemble comme des frères
ou nous mourrons ensemble comme des imbéciles »

Martin Luther King

PRÉFACE

Benjamin, Karim-Pierre, Farah et Chloé font partie de Coexister depuis plusieurs années. Juifs, chrétiens, musulmans ou agnostiques, ils ont contribué à façonner le concept de coexistence active à tous les niveaux. Voici leur bref témoignage :

En février 2010, à l'issue d'un office de Chabbat, je rencontre Samuel dans la synagogue. Au gré de nos expériences, nos projets, nos réflexions et rencontres avec Coexister, un concept émerge, synthétisant nos actions en faveur de la société. La coexistence active se veut un chemin de vie apaisant et exigeant. Apaisante vis-à-vis de ses identités, dans une société qui a tendance à gommer les singularités. Exigeante, la coexistence active est l'obligation impérieuse de la rencontre, la compréhension de cet Autre qui nous parait si loin, si différent.

Benjamin Bitane

J'ai su que j'étais vraiment à ma place à Coexister après avoir partagé sur Facebook une intervention de Jean-Claude Guillebaud. Il expliquait qu'on avait fait fausse route en demandant aux gens de diluer leur foi, car c'est quand on a une conviction forte et enracinée qu'on est capable de s'ouvrir à l'autre sans crainte. Samuel a pratiquement bondi de joie dans les commentaires tellement cela rejoignait le message de Coexister. C'est cela pour moi, la coexistence active.

Karim-Pierre Maalej

J'ai connu Coexister et Samuel lors d'un colloque interreligieux à Saint-Jacut en janvier 2010. Le message de l'association a immédiatement résonné en moi. La coexistence active correspondait exac-

tement à la manière dont je conçois la vie avec l'Autre. J'ai été marquée par notre capacité à réellement travailler ensemble pendant cinq ans. J'ai rencontré des amis mais surtout des frères et des sœurs au sein du mouvement. Ce que j'aime dans la coexistence active c'est sa capacité à être utilisée par tous et partout.

Farah Maiza

En 2009, je rencontre Samuel à Berlin à l'occasion des festivités pour les vingt ans de la chute du mur. Cela a été le point de départ de mes six années d'engagement au sein de Coexister. Ce qui m'a tout de suite plu dans la coexistence active, c'est l'idée de faire de nos différences une richesse, une force et surtout un levier pour agir au service de la société. La coexistence active est une aventure humaine inoubliable dont on ne peut se séparer une fois qu'on l'a testée !

Chloé Lesterlin

PROLOGUE

Se concentrer sur les bonnes raisons

« L'Europe doit protéger ses racines chrétiennes. » « Les étrangers sont de plus en plus nombreux à envahir la France. » « Le voile viole le principe de l'égalité entre les citoyens. » « L'islam est incompatible avec la République. » « Les juifs tiennent les rênes du monde de la finance ». « Les chrétiens ne peuvent pas accepter la démocratie puisqu'ils croient que Dieu gouverne le monde. » « Les musulmans exagèrent leur position de victimes et oublient les souffrances des chrétiens d'Orient. »

Les raisons, bonnes ou mauvaises, réelles ou fantasmées, sont nombreuses et infinies pour nous convaincre que nous ne pouvons pas vivre ensemble. La liste est longue quand il s'agit de construire des murs au lieu d'édifier des ponts, de s'interdire une ouverture à l'autre, de nier le respect de la différence, de refuser la promotion de la cohésion. En réalité, cette liste est aussi grande que la peur qu'elle dissimule. La peur, cette énergie qui nous rend capable du pire. C'est elle qu'il faut dépasser.

La question qui se pose réellement à nous aujourd'hui n'est pas de savoir si nous *pouvons* vivre ensemble, mais plutôt de nous demander si nous *voulons* vivre ensemble. La question à laquelle il nous faudra tous répondre est celle de la nature de la société à venir que nous voulons ou pas contribuer à construire. Il est trop facile de se demander s'il vaut vraiment la peine ou non d'édifier les ponts et de tisser les liens qui permettent de vivre ensemble. La seule réponse à cette question se trouve dans les actes personnels et collectifs que nous voulons mettre en œuvre.

Oui ou non : voulons-nous vivre ensemble ? Les réponses sont multiples. Le croyant que je suis ne peux s'empêcher de penser que c'est bien la première chose que Dieu nous demandera lorsque nous nous retrouverons face à lui au jour du Jugement dernier : « Qu'as-tu fait de ton frère [1] ? »

Choisir les figures qui nous inspirent

Mais l'appel au vivre-ensemble court le risque de se réduire à une simple incantation s'il ne passe pas par des actes. Ce manifeste résulte de plusieurs années d'expériences et de vie quotidienne à la rencontre des autres. Ces autres, pour moi, ce sont ceux qui ne partagent pas mes convictions religieuses. Cela aurait pu être ceux qui n'ont pas ma couleur de peau, ou mon origine culturelle, ma langue ou encore mon âge. Il se trouve que pour de multiples raisons liées à ma propre enfance passée dans une école interreligieuse, c'est cette diversité-là que j'ai choisi d'explorer.

Dans ce chemin qui est devenu plus concret pour moi depuis l'été 2007, plusieurs événements ont joué un rôle fondamental. D'abord un stage à Argenteuil en juin de cette même année mené aux côtés de Jean-Marie Peticlerc et de son équipe d'éducateurs spécialisés. Un coup de tonnerre dans ma vie d'adolescent parisien qui réalisait soudain qu'il existait un monde au-delà de la barrière du périphérique. Ensuite, un rassemblement mondial du scoutisme en août à Londres à l'occasion du centenaire du mouvement. Des dizaines de milliers de jeunes réunis autour de la spiritualité de la figure fondatrice de Baden Powell. Un homme qui exhorte les jeunes à « repartir de ce monde en le laissant un peu mieux qu'ils l'ont trouvé en arrivant ». Des dizaines de cultures, de langues, de religions, de nationalités réunies autour des mêmes valeurs et de la même promesse : créer un monde meilleur. Enfin à Paris, dans ma

1. Question posée par Dieu à Caïn après qu'il a assassiné son frère Abel. Genèse 4:10.

paroisse catholique de Saint-Léon, lorsqu'un imam est venu nous interpeller à la fin de la messe : « Chers voisins, vous êtes invités à nous rencontrer à la mosquée de la rue de Javel vendredi prochain, pour le thé. » Mohammed Ben Ali ne savait pas que la mosquée dans laquelle il m'accueillait allait devenir la première d'une longue exploration.

En 2008, je découvre l'île de la Réunion et son extraordinaire diversité religieuse et culturelle. J'y retournerai cinq fois. Les Réunionnais deviennent comme une deuxième famille pour moi. Je découvre aussi la communauté de Taizé et la spiritualité de son fondateur, frère Roger. « Toute recherche d'unité entre les hommes implique d'abord qu'on fasse l'unité en soi-même », nous dit-il dans l'un de ses premiers écrits. Quand on a seize ans, on avale tout avec une faim insatiable et on ne veut manger que de ce qui est bon. Alors j'ai poursuivi l'enquête, lu Gandhi, Martin Luther King, Nelson Mandela. J'ai appris grâce à eux qu'un homme debout avec une idée non-violente était plus dangereux que des centaines d'individus assis se satisfaisant du monde tel qu'il est. Ils ont chacun à leur manière donné leur vie pour l'unité et le vivre-ensemble. Deux d'entre eux en sont morts. La même année, je décide de me rendre à Auschwitz pour regarder le mal en face. Une énergie inépuisable naît alors en moi. Une énergie née de la rage ressentie face à l'horreur absolue.

En 2009, je suis au lycée et le conflit à Gaza fait rage. Je pense à cette colère éprouvée en Pologne deux mois plus tôt et je me rends à une manifestation pacifique contre l'importation violente du conflit israélo-palestinien en France. Je lance un appel pour cesser de faire couler le sang pour la guerre et demande à ce qu'il serve pour la paix. Dix jeunes sont au rendez-vous. Nous devenons le premier groupe Coexister. Avec eux, musulmans et chrétiens, nous organisons ainsi un don du sang collectif et symbolique. Des personnes que je rencontre m'offrent de bonnes raisons de croire à cette intuition de la coexistence active. Christophe Roucou, qui se charge des relations avec l'islam pour l'Église de France, mais aussi Christian Delorme, l'initiateur de la Marche pour l'égalité et contre le racisme en 1983 et curé des Minguettes. Delphine Horvilleur, l'une des premières femmes rabbins, et Rivon Krygier, premier rabbin à s'exprimer dans l'enceinte de la cathédrale Notre-Dame de Paris, Omero Marongiu, théologien réformiste musulman, et Mahmoud Azab, conseiller du grand imam d'Al-Azhar pour le dialogue interreligieux, Mehrézia Labidi-Maïza et Laurent Klein, mère musulmane et directeur juif d'une même école dans le 19e arrondissement de Paris. Ils sont nombreux encore à avoir contribué à cette mise en mouvement.

Un dernier coup de massue vient me convaincre de consacrer mon temps et mon énergie à la coexistence de personnes de religions et de convictions différentes : la mise en lumière de la vie de Christian de Chergé. La sortie du film *Des Hommes et des Dieux* permet de remettre sur le devant de la scène le témoignage de vie et de foi de cet homme hors du commun qui écrivit avant de mourir : « Je sais le mépris dont on a pu entourer les Algériens pris globalement. Je sais aussi les caricatures de l'Islam qu'encourage un certain islamisme. [...] L'Algérie et l'Islam, pour moi, c'est autre chose, c'est un corps et une âme [1]. »

Être utile dans notre contexte

Le XXIe siècle, plus qu'aucun autre auparavant, présente des défis considérables à ses contemporains. Le changement climatique bouleverse l'équilibre météorologique et engloutit des pans entiers de la terre émergée. Les migrations, toujours plus nombreuses, remettent en cause les frontières et notre modèle économique planétaire. Les inégalités croissantes viennent faire

1. Testament spirituel de Christian de Chergé, rédigé en 1993-1994.

trembler les bases et les racines des systèmes les plus puissants au monde. La violence criminelle dont font preuve militaires, djihadistes et miliciens, extrémistes religieux, juifs, chrétiens et musulmans, embrase des régions du monde avec une force dévastatrice.

Face à ces défis et tant d'autres encore, on peut facilement imaginer ce que provoquerait une instrumentalisation pernicieuse des religions et des identités religieuses pour multiplier les faux prophètes et donner aux idéologies destructrices une dimension transcendantale effrayante. Ainsi, le *Manifeste pour une coexistence active* est en quelque sorte un plaidoyer pour utiliser de manière utile et positive l'enseignement des diverses religions et convictions qui peuvent être contributrices des solutions d'avenir. Peut-on parler d'une « instrumentalisation positive » ? C'est dans ce sens que des leaders de toutes les communautés, collectivement ou individuellement, viennent trouver dans leur patrimoine de bonnes raisons pour sauvegarder la Terre des périls auxquels elle fait déjà face. C'est aussi dans ce sens que cent vingt intellectuels du monde musulman ont publié une liste d'arguments théologiques précis capables de contredire les fondements d'une entreprise mortelle comme Daesh [1]. C'est enfin dans ce sens que des croyants ou non croyants issus de toutes les communautés de religions ou de convictions s'associent dans le monde entier pour mettre la diversité de leurs héritages millénaires au service de la justice sociale [2].

1. Anne-Bénédicte Hoffner, « 120 savants musulmans écrivent une "lettre ouverte" au chef de l'État islamique », *La Croix*, septembre 2014. (http://www.la-croix.com/Religion/Actualite/120-savants-musulmans-ecrivent-une-lettre-ouverte-au-chef-de-l-Etat-islamique-2014-09-26-1212430, page consultée en août 2015).

2. Le tour du monde interreligieux InterFaith Tour a permis à cinq jeunes français juif, chrétien, musulman, athée et agnostique, de parcourir le monde à la recherche des initiatives interreligieuses dans plus de quarante pays. La

La coexistence active est une idée neuve qui appelle à s'enrichir de ses nombreux contributeurs. Pour essayer de la rendre claire et accessible, nous avons essayé de lui apporter trois définitions. D'abord une définition historique pour la distinguer des antécédents des modèles de coexistences à travers l'histoire. Ensuite une définition philosophique ou théorique pour décrire le socle de valeurs auquel elle renvoie. Enfin une définition politique avec des déclinaisons pratiques à appliquer par tout un chacun.

Trois attitudes ont guidé par ailleurs l'élaboration de ce socle théorique : voir, reconnaître, regarder le monde pour l'accepter tel qu'il est ; agir, coopérer, échanger pour permettre une réelle expérience vécue et empirique ; orienter, avancer, bouger pour nous mettre en mouvement et garder le cap de l'unité qui profite à tous.

Les « bonnes » raisons pour détruire le vivre-ensemble fleurissent et se répandent. Essayons ici de choisir de bonnes raisons de le défendre.

---

plupart d'entre elles rassemblent des hommes et des femmes désireux de mettre à profit leur diversité pour servir une cause commune au service des autres.

Chapitre 1

LES COEXISTENCES DANS L'HISTOIRE

Quand nous avons rédigé le premier manifeste de la coexistence active en janvier 2009, les réactions de notre entourage ont été nombreuses autour du choix des termes et en particulier autour de celui de « coexistence ». En dépit de l'ajout – très volontaire – de l'adjectif renvoyant à l'action, le mot coexistence rappelle très malheureusement la période de coexistence pacifique qui caractérisa la guerre froide entre 1956 et 1962. La plupart de nos parents avaient entendu parler de cette période comme d'une sorte de détente dans le conflit opposant les États-Unis à l'URSS quelques années avant leur naissance ou dans leur plus petite enfance. Ils en gardaient souvent un souvenir mitigé, comme si la force de ces pays n'avait su s'équilibrer que sous la menace d'une guerre nucléaire. Dès lors, il semblait évident que nous devions distinguer notre modèle alternatif de coexistence de ceux qui avaient précédé dans l'histoire. C'est ainsi que j'ai essayé de repérer cinq formes de coexistence pour définir les ressemblances et les contrastes avec notre jeune coexistence active. Le but de ce chapitre est donc en quelque sorte de dire ce que la coexistence active n'est pas, pour mieux envisager ensuite ce qu'elle est.

Ces coexistences peuvent impliquer plusieurs formes de diversités : religieuse, politique, philosophique, culturelle ou sociale. On considérera ici comme coexistence une situation où existent ensemble au moins deux identités différentes mais comparables, c'est-à-dire dans le même champ. Par exemple, des libéraux et des communistes sur le champ politique, des Arabes et des Perses sur le champ culturel, des juifs et des musulmans sur le champ religieux. On ne peut pas parler de coexistence pour des libéraux et des musulmans par exemple.

La *Convivencia* espagnole (929-1492)

Beaucoup d'historiens ont travaillé sur la période de la *Convivencia* espagnole mais il me semble important de revenir brièvement sur ces temps controversés [1] dont on ne saura jamais vraiment jusqu'à quel point ils ont pu être le cadre d'une cohabitation effective entre juifs, chrétiens et musulmans dans l'Andalousie médiévale. Ce dont on est sûrs, et c'est ce qui nous intéresse ici, c'est que la *Convivencia* s'organise sous la domination d'une majorité qui exerce un contrôle sur des minorités.

D'un côté, on observe une domination musulmane du califat omeyyade de Cordoue de 929 à 1031, suivi de celle de petits royaumes musulmans prenant le titre de taïfas ou d'émirats en particulier pour Grenade de 1031 à 1492. Dans les premiers siècles de l'expansion de la civilisation musulmane, la dynastie des Omeyyades installe un empire du Maghreb au Machrek, du « Levant » au « Couchant ». En 750, celui-ci s'étend des Pyrénées à l'Indus. L'arrivée des musulmans en Espagne date de 711 après Jésus-Christ, c'est-à-dire moins d'un siècle après la mort du prophète Mohammed. Cet immense empire se divise très vite en plusieurs califats dont l'un d'entre eux se positionne autour de Cordoue où est alors construite l'une des plus grandes mosquées du monde musulman sur les vestiges d'une église

1. Christophe Cailleaux, « Chrétiens, juifs et musulmans dans l'Espagne médiévale. La *Convivencia* et autres mythes historiographiques », *Cahiers de la Méditerranée*, n° 86, 2013 (http://cdlm.revues.org/6878, page consultée en juillet 2015).

romaine. Le Califat est à son apogée au début du XIe siècle puis s'effondre face à la *Reconquista*[1].

De l'autre côté, la *Reconquista* catholique commence au XIe siècle au nord de l'Espagne et s'échelonne avec la prise de Tolède en 1085, de Cordoue en 1236, de Séville en 1248 et de Grenade en 1492. Alphonse X, roi de Castille et de León de 1252 à 1284, est souvent pris comme exemple de tolérance à l'égard des minorités religieuses juives et musulmanes sur son territoire. Dans son royaume, comme dans ceux des Arabes au sud, on trouve une population majoritaire (chrétienne ou musulmane) et deux populations minoritaires (juive et chrétienne ou juive et musulmane). Pour différentes raisons idéologiques et historiographiques, l'histoire a retenu que l'entente entre ces populations a effectivement reposé sur un respect mutuel et une connaissance réciproque. Les historiens sont aujourd'hui quasiment unanimes sur le fait qu'il s'agit tout simplement d'un mythe qu'il convient de nuancer très largement[2]. Ce mythe est celui d'une coexistence interreligieuse inédite.

Au cœur de cette période, deux penseurs : Maïmonide (1135-1204) et Averroès (1126-1198). Le premier est juif, le second est musulman. L'un et l'autre se connaissent et s'estiment mais contrairement à ce que certains imaginent, ils ne se sont jamais rencontrés. Dans sa jeunesse, Maïmonide a dû quitter Cordoue après l'arrivée d'une nouvelle dynastie autoritaire. Durant les dernières années de sa vie, Averroès est considéré comme hérétique et subit une véritable campagne de dénigre-

1. Période de conquête chrétienne allant du nord vers le sud de l'Espagne. La *Reconquista* va durer cinq siècles avant que l'intégralité de la péninsule ibérique ne soit de nouveau sous domination chrétienne.

2. John Tolan, « Au-delà des mythes de la coexistence interreligieuse : contacts et frictions quotidiens d'après des sources juridiques de l'Espagne médiévale », *Cahiers de la Méditerranée*, n° 86, 2013 (http://cdlm.revues.org/6874, page consultée en juillet 2015).

ment. Tous les deux ont légué une pensée critique de la foi en essayant d'étudier la théologie avec une approche aristotélicienne. Leurs travaux ont mis en avant des personnalités d'une religion qui n'était pas la leur. Avicenne a inspiré Maïmonide comme Aristote a inspiré Averroès. Puis tous deux ont à leur tour inspiré des penseurs qui n'étaient pas de leur religion comme Thomas d'Aquin [1].

Même si ce très bel héritage philosophique et littéraire a souvent servi de preuve à une cohabitation possible entre les enfants d'Abraham, deux éléments au moins viennent nuancer très clairement l'entente – réelle ou supposée [2] – de cette époque espagnole.

D'abord, personne n'est absolument sûr que l'estime entre Maïmonide et Averroès ait été à l'image de celle que les populations juives et musulmanes d'Andalousie pouvaient entretenir entre elles. Les deux philosophes étaient issus d'une élite très restreinte proche du pouvoir politico-religieux et nettement favorisée sur le plan économique. La question du contraste entre les élites et les populations modestes dans les différentes relations interreligieuses et interculturelles est une question prépondérante quand il s'agit de comprendre l'effectivité d'une coexistence. La coexistence active se distingue de ce modèle puisqu'elle est pensée et conçue pour chacun en s'enracinant dans un savoir-être accessible à tous. L'un des présupposés de la coexistence active implique que l'on ne cherche pas à faire coexister des religions entre elles. On cherche à créer du lien entre des membres de différentes religions. La coexistence se joue au niveau des

1. *Cf.* le film de G. Bencheikh et Y. Boissière, *Autour de Maïmonide et Averroès* (http://akadem.org/sommaire/themes/limoud/les-maitres/maimonide/autour-de-maimonide-et-averroes-21-12-2010-12114_320.php, page consultée en juillet 2015).

2. David Bensoussan, *L'Espagne des trois religions. Grandeur et décadence de la convivencia*, Paris, L'Harmattan, 2007.

hommes et non des cultes. Dans le cas de la *Convivencia*, on est face à une approche macro de la cohabitation entre des pratiquants de religions différentes sur un territoire restreint. Dans la coexistence active telle que Coexister la promeut et la vit, c'est une approche micro, applicable à l'échelle de l'individu et du citoyen, qui est privilégiée. Les relations tissées entre les leaders ou les penseurs religieux peuvent évidemment servir d'exemples ou d'encouragements aux populations qui ne parviennent pas à se côtoyer. Néanmoins, elles sont clairement insuffisantes quand on veut lutter contre le racisme, l'antisémitisme ou l'islamophobie au quotidien. Les leaders religieux sont parfois contestés par les croyants et, quand ils ne le sont pas, leur éventuelle représentativité ne suffit pas à entraîner une population entière dans une démarche de vivre-ensemble.

Ensuite, la *Convivencia* s'établit dans un modèle de domination et donc de hiérarchie entre les communautés religieuses. Dans l'Espagne du sud, aux Xe, XIe et XIIe siècles, la communauté musulmane, par le biais du califat ou du taïfa, est en situation de domination religieuse et politique. C'est donc elle qui régit le vivre-ensemble et la cohabitation. Quand bien même la gouvernance aurait été exercée de façon à protéger voire à valoriser les minorités, il n'en reste pas moins que la décision appartenait aux musulmans, au pouvoir à ce moment-là. Il en est exactement de même pour le christianisme catholique dans l'Espagne du nord. À l'inverse, la coexistence active repose incontestablement sur une égalité parfaite de chaque individu, en tant que citoyen, qu'il soit ou non croyant.

Pour que cette égalité soit effective, nous croyons que la neutralité de l'État est une condition indispensable. Quand on parle de neutralité de l'État, on parle non seulement de la séparation effective entre le pouvoir religieux et le pouvoir politique, mais on parle aussi de l'impossibilité pour l'État de subventionner le culte ou d'afficher la moindre forme de préférence à l'égard de l'une ou l'autre communauté, même si cette préférence est consécutive de calculs démographiques. La situation de l'Allemagne ne garantit pas pour nous une véritable coexistence active dans la mesure où le gouvernement octroie à chaque communauté un denier proportionnel au nombre d'Allemands ayant désigné leur communauté d'appartenance sur leur fiche d'impôts.

L'utilisation de terme « *Convivencia* » est trompeuse puisque le modèle de cohabitation proposé est loin de correspondre au sens de sa racine latine « *con-vivere* » qui désigne une « action de vivre-ensemble » ou le fait de « faire société ».

On peut donc dire que la *Convivencia* espagnole n'est pas comparable à la coexistence active, et ce pour deux raisons principales. D'abord parce que l'élite est la seule à véritablement profiter de cette harmonie et ensuite parce qu'elle est indissociable de la domination du califat musulman ou des royaumes catholiques. La coexistence active implique au contraire une égalité des individus et une coexistence pour tous, quelles que soient leurs origines sociales.

Par honnêteté, on doit tout de même admettre et souligner que la version contemporaine de la *Convivencia* promue en Amérique latine ressemble très fort à notre coexistence active. La philosophie de la *Convivencia* fait la fierté des populations, que ce soit en Argentine, en Uruguay ou au Brésil. Là-bas, la diversité est le socle commun de l'unité nationale. Lors de notre passage avec InterFaith Tour [1], nos entretiens ont révélé une véritable appropriation du concept par la population. On ne peut pas accuser les élites d'avoir l'apanage de ce mode de cohésion. Même s'ils connaissent le racisme, ces pays ne sont pas le théâtre de la montée d'un nationalisme racial. En revanche, les nations argentine et brésilienne sont catholiques par leur consti-

1. *Cf.* Samuel Grzybowski, *Tous les chemins mènent à l'autre*, Ivry-sur-Seine, Les Éditions de l'Atelier, 2015.

tution. Il n'y a que l'Uruguay qui fait exception avec un modèle qui s'apparente à celui de la laïcité française. Ce pays réunit tous les critères de l'idée que nous nous faisons de cette coexistence active.

La tolérance française (1562-1685)

Le dictionnaire est clair. La tolérance se définit comme « une acceptation de l'autre par défaut ». Tolérer vient du latin *tolerare*, qui signifie supporter, c'est-à-dire se résoudre à « accepter ce qu'on ne peut combattre », comme le disait le philosophe John Locke. Elle désigne ainsi le fait d'accepter dans les faits ce qu'on désapprouve ou refuse sur le fond.

La tolérance est érigée comme norme dans la France du XVIe siècle en 1562 par l'édit de Saint-Germain-en-Laye et surtout en 1598 par l'édit de Nantes. Le contexte est le suivant. Depuis 1517 et la publication des quatre-vingt-quinze thèses de Martin Luther, de nombreuses Églises déclarent leur séparation avec Rome. D'abord en Suisse et en Allemagne, puis enfin en France. Après un demi-siècle de clandestinité, les Églises réformées de France tiennent leur premier synode en 1559. En 1571, réunis à La Rochelle, les protestants français organisent leur confession de foi, une sorte de concile propre au protestantisme. Par l'adhésion aux Églises protestantes réformées, les Français qui empruntent cette voie rompent très volontairement avec Rome et mettent aussi en cause l'autorité du roi à Paris puisque la monarchie française est alors une monarchie de droit divin dans laquelle le roi reçoit son pouvoir de Dieu par la médiation de l'Église catholique.

L'émergence du protestantisme est alors vécue comme une hérésie, pire encore, une insulte à la royauté et à l'indivisibilité du royaume de France. Un crime de lèse-majesté, en somme. D'Henri II à Louis XIII, six rois successifs vont être contraints de gouverner en prenant en compte la croissance des Églises protestantes dans le royaume. Le premier, Henri II (1547-1559), laisse les premières persécutions s'installer sous l'impulsion des princes catholiques. C'est le troisième, Charles IX (1560-1574) qui, pour la première fois, évoque une politique de tolérance à l'égard de la minorité protestante. Sous son règne, en 1562, le massacre de Wassy officialise la notion de « guerres de religion ». Se rendant à Paris, le duc de Guise est de passage à Wassy, en Champagne. Il apprend qu'une réunion publique de protestants se tient alors dans la ville. Considérant cela comme illégal, il interpelle les manifestants et l'altercation se termine en massacre. Plusieurs dizaines de protestants meurent et environ cent cinquante sont blessés. Pour mettre fin à cet embryon de guerre civile, Charles IX propose un édit de tolérance alors qu'il n'a que douze ans. C'est sa mère, Catherine de Médicis, qui en est à l'œuvre et qui fait rédiger un texte reconnaissant aux protestants le droit de s'assembler pour le culte dans les campagnes, les villes et les faubourgs. Le symbole est important : le culte peut avoir lieu à condition que ce ne soit pas à l'intérieur des villes fortifiées. Au même moment, le Concile de Trente, initié en 1545 et qui touche à sa fin, organise la contre-réforme catholique. Le Parlement de Paris, très catholique, refuse de signer l'édit de Saint-Germain-en-Laye proposé par Catherine de Médicis et son fils Charles IX. Le Concile de Trente se termine en 1563 et réaffirme la « vérité » du dogme catholique et le « mensonge » du protestantisme. L'édit de janvier 1562 restera comme une première tentative avortée de conciliation ou d'apaisement entre catholiques et protestants français.

Dix ans plus tard, à Paris, le climat d'intolérance est à son comble. Catholiques et protestants s'accusent d'être responsables de tous les maux du royaume. La deuxième héritière du trône dans l'ordre de succession, Marguerite de Valois, sœur du roi, épouse un protestant, Henri de Navarre, le 18 août 1572. Venus assister aux noces, de nombreux protestants séjournent dans la capitale. Dans la nuit du 23 au 24 août 1572, le massacre de la Saint-Barthélemy fait plusieurs milliers de victimes parmi les protestants, massacrés par les ligues catholiques. Deux ans plus tard, Charles IX meurt et son frère Henri III accède au trône. Sa sœur Marguerite devient première dans l'ordre de succession. Henri III est assassiné en 1589, sonnant le glas de la dynastie Valois. Avant de mourir, il désigne, pour lui succéder, son beau-frère, le protestant Henri de Navarre.

Celui-ci devient donc roi de France sous le titre d'Henri IV en 1589. Henri, prince protestant, renouvelle sa conversion au catholicisme, abjure le protestantisme et se fait sacrer à Chartres en 1594. Après plus de quatre-vingts années de guerres de religions en France, c'est en 1598 qu'Henri IV impose et promulgue son édit de tolérance, dit « édit de Nantes ». La France quitte un XVIe siècle de déchirures interconfessionnelles et commence alors le XVIIe siècle en posant les bases de cette tolérance française. De 1598 jusqu'à la révocation de l'édit de Nantes en 1685 par le roi Louis XIV, les « prétendus réformés » comme l'écrit la couronne, disposent de droits religieux, civils et politiques.

À y regarder de plus près, l'édit de Nantes révèle pourtant à quel point la tolérance n'est souhaitable pour aucune population. On pourrait être tenté de dire qu'il s'agit tout au moins d'un minimum légal mais cela n'est même pas sûr. En effet, l'édit de Nantes est d'une complexité rare. Sous couvert de la garantie de liberté de conscience pour tous, il établit une liste précise et complexe des droits et des interdictions faites aux protestants. On y retrouve tout le poids de la définition du mot tolérance : « accepter l'autre par défaut ». Dans certaines villes – et certaines villes seulement – les protestants peuvent accéder aux fonctions de la magistrature et participer aux jugements. À l'inverse, dans une liste de villes incluant Paris, Rouen, Dijon, Toulouse et Lyon, le culte protestant est formellement interdit. Les protestants disposent de cent cinquante lieux de refuge et de cinquante et une villes fortifiées dont La Rochelle, Niort, Nîmes et Montpellier. Pour les catholiques et les protestants de l'époque, la tolérance consiste à supporter l'altérité avec patience et endurance.

Le premier biais de cette situation politique incontestable réside évidemment dans l'absence d'un État neutre et impartial. Le royaume a alors une religion officielle et accepte d'en reconnaître une autre qui n'est pas la sienne. Par ailleurs, cet édit de tolérance représente pour tous une situation transitoire et insatisfaisante dont la mission principale est de ramener la paix dans le royaume après un siècle de guerres de religion. Aujourd'hui encore, la tolérance est parfois érigée en valeur suprême dans le discours politico-médiatique. Même si elle est en perte de vitesse, elle reste une alternative évoquée pour la cohabitation entre la majorité supposée judéo-chrétienne-athée et la minorité musulmane. Quand on voit les conséquences à long terme d'une telle situation de coexistence, on ne peut que souhaiter que tout soit mis en œuvre pour trouver une autre voie. Au final, sa promulgation comme solution politique est presque contre-productive. Elle enracine les frustrations, favorise l'exclusion et officialise l'impossibilité du dialogue ou de l'inclusion. La tolérance française a créé une situation quasi inédite dans l'histoire de France ou ceux qui ne pensaient pas comme le pouvoir étaient tolérés, acceptés à la seule condition qu'ils ne troublent pas l'ordre public.

On peut dire que la tolérance est une sorte de « marchandage ». La minorité différente est acceptée et dispose de quelques droits relativement circonscrits. En échange, elle doit évoluer dans un cadre restreint et ne pas susciter de conflit. En droit, d'ailleurs, ce qui est toléré décrit ce qui est interdit mais que l'on peut accepter exceptionnellement sous la forme d'une marge d'erreur inhérente à la loi. La *Lettre sur la tolérance* de John Locke, publiée en 1689, quatre ans après la révocation de l'édit de Nantes, réaffirme, du côté anglo-saxon cette fois, l'existence de convictions intolérables : l'athéisme, l'anarchisme, le catholicisme romain. C'est là tout le paradoxe : la tolérance instituée précise ce qui est tolérable et ce qui ne l'est pas.

Il existe néanmoins une grande exception à cette triste vision d'une tolérance restrictive, subie et douloureuse. La tolérance des Lumières est née sous la plume de philosophes à la fin du XVIIIe siècle. On attribue à Voltaire, probablement à tort, la phrase : « Je ne suis pas d'accord avec ce que vous dites mais je me battrai pour que vous puissiez le dire. » Dans les années 1950, c'est cette vision de la tolérance qui est reprise par Helen Keller : « Le meilleur aboutissement de l'éducation est la tolérance. » La tolérance française a eu d'autres applications positives qu'il convient de ne pas oublier. Louis XVI promulgue lui aussi un édit de tolérance (l'édit de Versailles) en 1787, deux ans avant la Révolution. Celui-ci permit aux non-catholiques de bénéficier de l'état civil sans devoir se convertir. Cela permettait en particulier aux juifs et aux protestants de se marier civilement sans avoir besoin d'être baptisés par l'Église catholique. Cette tolérance française fait écho à une autre tolérance, européenne cette fois. Depuis 1781, l'empereur d'Autriche a accordé la liberté de culte aux minorités protestantes et juives. La tolérance se répand aussi outre-Atlantique avec la Révolution américaine soutenue par la France. Les juifs ne sont pas citoyens américains mais disposent de l'égalité des droits avec quelques restrictions. La France est donc le premier pays de l'histoire à avoir accordé la citoyenneté aux juifs. Après de longs et houleux débats au sein de l'Assemblée nationale, le 13 novembre 1791, Louis XVI ratifie la loi déclarant les juifs citoyens français. Cette particularité française, confirmée par Napoléon Ier en 1804, accentuera le choc qu'a représenté l'Affaire Dreyfus pour la communauté juive d'Europe. La France, pays des droits de l'Homme, condamnait alors injustement un officier à cause de sa judéité. Le traumatisme sera irréparable.

Ainsi dans la deuxième moitié du XVIIe et au début du XVIIIe siècle, la tolérance prend un visage positif et moral. Elle se confond alors avec l'humanisme et recouvre en fait ce que l'étymologie décrit comme l'acceptation. De fait, la tolérance est indépendante du jugement que l'on porte sur autrui. On peut haïr et mépriser quelque chose que l'on tolère par ailleurs. En revanche, on ne peut pas haïr et mépriser quelque chose que l'on accepte, c'est-à-dire que l'on respecte.

Depuis 2009, nous préférons à Coexister le respect à la tolérance dans la mesure où le respect implique un consentement et une réappropriation. Le respect entraîne l'estime. La différence est maintenue dans le respect mais elle est regardée avec un *a priori* favorable ou neutre. La tolérance permet au contraire explicitement de tolérer quelque chose sur lequel on porte un regard défavorable.

Quoi qu'il arrive, si nous préférons le respect à la tolérance, il faut bien admettre que la tolérance représente un point de départ nécessaire pour entrer en dialogue avec l'autre. Pauline Vaillancourt disait que « l'esprit de tolérance est l'art d'être heureux en compagnie des autres[1] » et Kofi Annan ajoutait : « La tolérance est une vertu qui rend la paix possible[2]. »

Vertueuse ou vicieuse, la tolérance dépend aussi de ce que l'on en fait. Elle peut et doit sans aucun doute être le commencement d'un changement de regard sur l'autre. Bien que différent de moi et indépendamment du regard que je porte sur lui, cet autre a le droit d'exister tel qu'il est. On rejoint la racine du mot coexister, c'est-à-dire « exister ensemble ». L'origine de toute rencontre.

---

1. *Les points sur les « i »*, Pierre Tisseyre, 1986.
2. *Le Monde*, 23 septembre 2001.

La coexistence pacifique (1956-1962)

En pleine guerre froide, la coexistence pacifique correspond approximativement à la période 1956-1962. Elle est une sorte de dépression de la tension entre l'URSS et les États-Unis. Trois ans après la mort de Staline en 1953, Nikita Khrouchtchev arrive au pouvoir en URSS. Il dénonce dans le rapport du XXe congrès du Parti communiste soviétique les crimes de son prédécesseur, amorce la déstalinisation et se positionne sur une ligne de réduction de la tension avec l'Ouest capitaliste. Cette période prend fin avec la crise des missiles de Cuba en 1962. Cette coexistence dite « pacifique » est en fait une sorte de neutralisation réciproque qui s'inscrit dans un rapport de force constant. Il s'agit d'une période de contrainte. La coexistence est possible parce que chacun sait qu'à l'autre bout du monde, si l'une ou l'autre des parties appuie sur le bouton rouge, une guerre nucléaire peut être déclenchée.

Quand on rentre dans le détail, la volonté de Khrouchtchev est de préserver les chances soviétiques d'une victoire finale contre les États-Unis. Pendant cette période, la terreur est renforcée en URSS. Le pouvoir communiste profite de façon opportuniste de la baisse des tensions avec les États-Unis pour asseoir de nouveau son autorité sur ses propres territoires. De leur côté, les États-Unis s'engagent militairement au Vietnam et font de l'Amérique latine leur arrière-cour. C'est pendant cette période que la République démocratique allemande (RDA), satellite de l'Union soviétique, entreprend durant l'été 1961 de construire le mur de Berlin. Le but est d'isoler le bloc occidental qui occupe la moitié de la capitale berlinoise en édifiant un mur infranchissable par les citoyens d'Europe de l'Est. L'Ouest répond par l'approvisionnement par avion des citoyens de Berlin-Ouest. La contradiction est grande lorsque l'on sait que c'est cette fameuse coexistence pacifique qui permet l'édification du mur de Berlin. C'est probablement de là que vient la très mauvaise presse du terme « coexistence ». Non seulement cette coexistence a permis de fortifier le rideau de fer, mais elle a aussi entraîné l'acheminement par bateaux de missiles russes vers l'île de Cuba et l'installation de missiles américains en Turquie, ainsi qu'un engagement militaire croissant des États-Unis au Vietnam. Tout cela revient à dire que cette coexistence pacifique se caractérise par l'absence de conflit militaire mettant directement aux prises les deux grandes puissances.

Cette coexistence sous la contrainte et dans la force n'est pas la coexistence active dans laquelle les parties impliquées choisissent volontairement, librement et activement de vivre ensemble. Il nous est apparu très difficile à l'origine de casser l'amalgame entre coexistence active et coexistence pacifique à cause du passif historique dont souffre le terme commun à ces deux notions distinctes. Pourtant, d'un point de vue sémantique, le fait d'exister ensemble incarne en profondeur l'objectif de paix et de cohésion visé par les dialogues dans leur diversité. Exister ensemble ou vivre ensemble ? Quel est le plus constructif ? Difficile à dire. On peut dire que la coexistence est au vivre-ensemble ce que la tolérance est au respect. Une situation insuffisante mais nécessaire.

L'intérêt réside dans le fait de choisir l'existence commune comme prérequis, mais bien évidemment d'y ajouter la notion d'action. Ainsi la coexistence est-elle insérée dans une dynamique qui la relie au vivant, à l'actif. Dans ce cas, si la coexistence pacifique est déterminée par la contrainte et la menace, la coexistence active découle de la volonté et de la liberté.

La neutralité active (1955-1989)

Durant la guerre froide, entre les blocs de l'Ouest et de l'Est, un troisième bloc émerge et donne naissance au tiers-monde. Ce bloc décide dès 1955 à la conférence de Bandung, suivie de celle de Brioni en 1956, de ne jamais choisir entre l'Ouest et l'Est en conflit depuis 1945. Quatre leaders politiques, qui sont aussi de véritables penseurs et théoriciens de cette deuxième moitié du XXe siècle, conceptualisent la notion de non-alignement non pas par passivité mais par la volonté de s'engager dans le débat mondial. Nasser l'Égyptien, Tito le Yougoslave, Sukarno l'Indonésien et Nehru l'Indien imaginent une théorie des relations internationales dans laquelle un ensemble de pays acceptent de promouvoir le refus de la bipolarisation et le respect des singularités nationales propres à chaque pays indépendant.

D'après les historiens, le terme de non-alignement a été proposé par Nehru, Premier ministre indien et ancien collaborateur de Gandhi. La coexistence active partage avec cette théorie l'idée d'action libre et volontaire. La neutralité active façonne les identités de façon relative et non de façon absolue. C'est-à-dire que les indépendants et les non-alignés le sont par la négation de ce que sont les autres. En l'occurrence, ils ne sont ni capitalistes, ni communistes. Ils sont tiers-mondistes, c'est-à-dire le troisième tiers. Ils ne sont pas neutres mais engagés afin de faire reconnaître les droits de leurs nations respectives face aux visées hégémoniques. Il s'agit donc d'une troisième voie, théorisée, et non d'une neutralité passive. Il est d'autant plus curieux que Nehru soit à l'origine de cette idée que Gandhi lui-même plaçait au plus bas de sa hiérarchie des normes l'idée de neutralité qui représenterait à ses yeux une solution pire encore que la violence. Pour lui, l'ordre des priorités dans la réaction à l'injustice plaçait tout en bas de l'échelle les attitudes neutres, passives, soumises et fuyantes. Au milieu de cette échelle, Gandhi suggérait que la violence soit une position plus digne car cohérente avec le respect de soi-même. Enfin, tout en haut de l'échelle, une énergie est capable de transformer l'impulsion de la violence pour en faire une arme de désobéissance civile et il s'agit de la non-violence. Le fait que, pour Gandhi et Nehru, la neutralité soit une attitude plus basse que la violence elle-même révèle bien que le non-alignement n'est pas une neutralité passive mais une forme inédite de neutralité dite active.

Deux penseurs serbes avaient déjà compris les limites du non-alignement pour permettre la coexistence internationale. En 1962, Darkno Cernej avait rédigé un discours expliquant que le non-alignement ne devait surtout pas être une neutralité passive mais une neutralité active[1]. Il insistait sur le conflit entre les deux notions et prétendait que la neutralité active pouvait permettre à chaque non-aligné de défendre sa singularité. Deux ans plus tard, en 1964, Mita Miljkovic parlait du « renforcement de la coexistence active » comme « principal objectif de la diplomatie yougoslave[2] ». Ce discours est la seule trace historique de l'usage de la notion de coexistence active avant Coexister en 2009. Le texte précise d'ailleurs que la division du monde n'est pas inéluctable et que les Nations unies doivent concourir à l'unité de l'humanité dans sa diversité. On retrouve là les prémices de l'idée de coexistence active.

Le multiculturalisme (depuis 1960)

De tous les modèles de coexistence et de vivre-ensemble, le multiculturalisme est sans aucun doute le plus récent. Nous essayerons d'en définir précisément les contours théoriques, philosophiques et politiques avant de préciser en quoi et pourquoi la coexistence active s'en distingue clairement.

Il est très difficile de le définir tant le terme et la notion sont controversés. Pour commencer, nous pouvons partir de l'approche de l'ONU qui intervient dans ce domaine. L'Unesco a été pensée comme une agence indépendante des Nations unies. C'est-à-dire qu'elle possède ses propres États membres, ce qui n'est pas le cas des agences traditionnelles comme l'Orga-

1. *Cf.* Darkno Cernej, « Mon engagement ne signifie pas neutralité passive », *Le Monde diplomatique*, janvier 1962.

2. *Cf.* Mita Miljkovic, « Le renforcement de la coexistence active, principal objectif de la diplomatie yougoslave », *Le Monde Diplomatique*, juin 1964, page 9.

nisation mondiale de la santé (OMS), l'Organisation des Nations unies pour l'alimentation et l'agriculture (FAO) ou le Haut Commissariat des Nations unies pour les réfugiés (HCR). La mission de l'Unesco, sous l'intitulé de l'éducation, la culture et les sciences, intègre aussi deux autres départements en charge de l'information et des sciences humaines. La mission générale de l'Unesco est de « créer une culture de paix ». C'est aussi le cas de la direction des Sciences humaines dont l'une des prérogatives est de promouvoir le dialogue interculturel. Cette direction a publié en 1996 un rapport dénommé « Multiculturalisme : nouvelles réponses de politiques publiques à la diversité [1] ».

Ce rapport distingue trois formes de multiculturalisme qui peuvent se résumer ainsi :

– l'usage **démographique** du terme sert à décrire l'existence de groupes ethniques différents dans une société ou un État. Les regroupements ethniques qui existent dans un État, la signification de l'ethnicité pour la participation dans les institutions sociétales et la façon dont les différenciations ethniques sont construites et maintenues peuvent varier considérablement d'un État à un autre et d'une époque à l'autre ;

– l'usage **politico-programmatique** sert à décrire des programmes et des initiatives politiques destinés à gérer la diversité ethnique. Ce fut dans ce sens que le terme « multiculturalisme » fut utilisé au Canada, dans les années soixante, dans le rapport de la Commission royale sur le bilinguisme et le biculturalisme. Ce rapport recommandait que le multiculturalisme remplace la politique biculturelle française et britannique qui avait organisé les politiques de diversité ethnique au sein de la société canadienne ;

1. Christine Inglis, « Multiculturalisme : nouvelles réponses de politiques publiques à la diversité », *Most. Document de politique sociale*, n° 4 (http://unesdoc.unesco.org/images/0010/001055/105582fb.pdf, page consultée en juillet 2015).

– l'usage **idéologico-normatif** du terme « multiculturalisme » est celui qui génère le plus de débats. En effet, il constitue un slogan et un modèle pour l'action politique quant à la place des personnes ayant des identités culturelles diverses. Le multiculturalisme souligne que prendre conscience de la diversité ethnique et prendre des mesures pour que les individus puissent conserver leurs cultures vont de pair avec le respect et l'acceptation des principes constitutionnels et des valeurs communes d'une société. En prenant en considération les droits des individus et des groupes et en assurant leur accès aux services de la société, les avocats du multiculturalisme soutiennent qu'une telle pratique bénéficie à la fois aux individus et à la société en général en réduisant les risques de conflits sociaux. Entre la perception du multiculturalisme par l'Unesco et l'usage idéologico-normatif de ce terme par les Nations unies, il existe donc un étroit parallèle.

Les définitions démographiques et politiques font en effet peu débat. C'est sans aucun doute la définition idéologique qui est la plus sujette à controverses. Ce qui est en question, c'est le rôle actif de l'État pour que les membres d'une même nation mais originaires de différentes cultures puissent préserver leurs particularités. Le débat est particulièrement fort en France. Depuis la Révolution, la France a construit son modèle national sur une vision universaliste de l'individu. La pensée de Stanislas de Clermont-Tonnerre explique la contradiction entre les valeurs républicaines et le multiculturalisme. Le 4 août 1789, juste avant de devenir président de l'Assemblée nationale, dans un discours favorable à l'abolition des privilèges, il déclare : « Il faut tout refuser aux juifs comme nation et tout accorder aux juifs comme individus. » Pendant deux siècles, l'universalisme républicain va construire toutes les ramifications de sa philosophie autour d'un seul et même tronc : la Déclaration des droits de l'Homme et du citoyen. La pensée républicaine est en fait un individualisme philosophique et libéral.

Au cœur de ce sujet en apparence théorique, la question se pose de savoir si l'État républicain peut reconnaître un intermédiaire entre lui et les citoyens. La réponse est évidemment non. Il n'y a pas d'intermédiaire entre le peuple et ses représentants. En conséquence, si des individus veulent se regrouper en communauté dans le domaine religieux, ils doivent pouvoir le faire librement mais sans l'aide de l'État, sans privilège. Si ce principe de non-subventionnement vaut pour les cultes, il n'en va pas de même pour les multiples associations et syndicats qui, au regard de leur utilité publique, sont reconnus et soutenus par l'État et les collectivités territoriales.

On retrouve l'origine du modèle français d'assimilation culturelle où le migrant nouvellement arrivé sur le territoire doit abandonner sa culture d'origine pour épouser les règles et les codes de la culture française. Il apparaît pourtant assez évident que l'assimilation culturelle va plus loin que le simple refus du multiculturalisme. Là où le multiculturalisme insiste sur les singularités au risque d'oublier le commun, l'assimilation ne se concentre que sur le commun uniforme. Le multiculturalisme est un particularisme alors que l'assimilation est une uniformisation.

Le malentendu réside généralement dans la confusion entre le multiculturalisme et la multiculturalité, c'est-à-dire l'état de fait d'une situation qui est multiculturelle. Il suffit de lire une tribune d'une très célèbre chroniqueuse dans *Le Figaro* du 23 janvier 2015 pour s'en rendre compte : « Le multiculturalisme tue la France [1] ». Elle déplore notamment que ne pas reconnaître le caractère multiculturel de la France entraîne trop souvent des accusations de racismes. Mais elle confond critique (légitime) du modèle multiculturaliste et société multiculturelle (qui est

1. Natacha Polony, « Le multiculturalisme tue la France », *Le Figaro*, 23 janvier 2015 (http://www.lefigaro.fr/vox/societe/2015/01/23/31003-20150123ARTFIG00449-natacha-polony-le-multiculturalisme-tue-la-france.php, page consultée en juillet 2015).

un état de fait). Certes, on peut admettre qu'un multiculturalisme basé sur la fermeture communautaire et la négation de l'autre peut tuer ; en revanche, je ne vois pas comment ne pas admettre que la France regroupe une très grande diversité de cultures et de religions.

L'acceptation de cette très grande diversité de cultures et de religions au sein de la république ne menace pas l'unité nationale. De la même manière, la prise en compte de cette réalité n'empêche pas l'existence d'une culture commune. À ce paradoxe apparent, la réponse est simple : il existe plusieurs identités dans un même individu. Ainsi, il est possible d'être Français, républicain, citoyen d'une part, et musulman, juif, chrétien, athée, traditionaliste, progressiste d'autre part pour ne pas dire Arabe, Asiatique, Latino, Africain, Anglo-saxon, etc. Les identités qui ne sont pas sur le même champ se transcendent. Ce qui crée et compose l'identité et la culture commune française est conciliable et cumulable avec un tas d'autres séries d'identités sociales, culturelles, religieuses ou philosophiques.

Ainsi, on peut reconnaître que le multiculturalisme comme projet politique est un échec. Angela Merkel, chancelière du pays héraut du multiculturalisme, disait elle-même en octobre 2010 : « Cette approche a totalement échoué. » Elle a même parlé de mesures « démesurées, hypocrites, hystériques ». Le *Larousse* définit le multiculturalisme comme « une coexistence de plusieurs cultures encouragée par une pratique volontariste » ou comme « un militantisme contre l'hégémonie culturelle des couches blanches à l'égard des minorités non blanches ». La première définition correspond exactement à ce que l'Unesco décrit elle-même. On parle de la mise en œuvre de politiques publiques qui permettent à des citoyens de différentes origines de préserver des traditions ou des rites issus de leur culture initiale. On pourrait parler de « particularisme actif ». Angela Merkel affirmait dans un discours d'octobre 2010 : « Nous vivons les uns à côté des autres et nous nous en réjouissons[1]. » Ainsi, l'Allemagne réalise que plusieurs années de promotion des cultures d'origine ont scindé la nation allemande en petites communautés. Cela renforce même le racisme puisque parmi les petites communautés, la communauté « allemande de souche » tient une bonne place. Celle-ci rassemble tous ceux qui n'ont pas d'autres origines que l'Allemagne et entendent parfois s'en targuer. Angela Merkel appelait donc à faire de la culture allemande le référentiel culturel commun à tous pour permettre à l'ensemble des Allemands de se rencontrer dans la diversité maintenue. Pour que la diversité soit préservée, il faut en fait un référentiel fort qui rééquilibre. Pas de diversité sans unité et donc sans bien commun. L'apparente contradiction n'est en fait qu'un paradoxe : être unis et être divers. Encore faut-il opérer une très nette distinction entre l'unité et l'uniformité. L'uniformité est précisément l'exact contraire de la diversité et il y a bien là incompatibilité. Mais l'unité n'est pas pour autant une uniformité.

Je ne crois pas que cet échec du multiculturalisme soit un drame et qu'il ferme toutes les portes à d'autres modèles de coexistence et de vivre-ensemble. La coexistence active essaye de se frayer un chemin entre un excès de singularités provoquant la création de groupes homogènes (multiculturalisme) et un excès d'uniformité provoquant l'impossibilité d'être différents dans une nation unie autour de valeurs et de biens communs. L'idée est tout simplement de promouvoir et de protéger ce qui sert l'intérêt général du point de vue de l'État mais aussi de préserver et de valoriser ce qui nous est singulier tout en construisant ensemble des biens communs. L'équilibre entre le commun et le singulier constitue en fait un libéralisme politique abouti. Au-delà d'une liberté de penser et d'entreprendre au service de valeurs communes, nous proposons également une liberté d'être

1. *Le Monde*, 17 octobre 2010.

et de devenir. On passe du laisser-faire et du laisser-passer au « laisser-être ». C'est de ça dont il est finalement question. Être unique au milieu de personnes avec qui nous partageons des valeurs fondamentales. Être différent au milieu de personnes qui nous ressemblent.

Tableau comparatif du modèle de la coexistence active avec de grands modèles historiques

Coexistence active – Relations populaires, échanges à l'échelle de l'individu. – Égalité parfaite de toutes les communautés.	***Convivencia* espagnole** – Relations entre les élites et les philosophes. – Domination d'une communauté sur une autre.
Coexistence active – Acceptation de l'autre par volonté. – Aucune appréciation morale de ce qui est tolérable et de ce qui ne l'est pas concernant la conscience ou la religion si ce n'est le droit lui-même.	**Tolérance française** – Acceptation de l'autre par défaut. – Définition de ce qui est tolérable et de ce qui ne l'est pas.
Coexistence active – Pas de menace imminente. – Contexte ne nécessitant pas un apaisement vital, pas de guerre civile proche.	**Coexistence pacifique** – Menace constante et sous-jacente. – Contexte d'apaisement nécessaire et vital.
Coexistence active – Autodéfinition absolue de l'identité.	**Neutralité active** – Refus de choisir vis-à-vis de modèles dominants, notion de relativité.

Coexistence active	**Multiculturalisme**
– Tout pour l'individu, rien pour la communauté. – Pas de frontière géographique pour les communautés, mixité sociale, religieuse et culturelle dans toutes les localités.	– Reconnaissance des communautés. – Alignement des communautés les unes à côté des autres.

La coexistence active n'est pas comparable à la *Convivencia* espagnole car elle promeut un vivre-ensemble enraciné sur des relations populaires et individuelles dans le cadre d'une neutralité de l'État. Elle n'est pas non plus comparable à la tolérance française car elle insiste sur le désir volontaire d'accepter l'autre et sur le droit comme seul cadre objectif de ce qui est tolérable et de ce qui ne l'est pas. La coexistence active n'est pas davantage comparable à la coexistence pacifique car elle s'épanouit en dehors de la contrainte et sous aucune menace nucléaire ou militaire. Elle se différencie également de la neutralité active car elle promeut l'identité individuelle définie comme un absolu et non comme une opposition à l'altérité. Enfin, elle n'est pas comparable au multiculturalisme car elle cherche un équilibre entre le commun et le singulier et préfère la reconnaissance des individus à celle des communautés.

La coexistence active est donc une coopération opérationnelle, à l'échelle de l'individu, entre des personnes de différentes religions ou convictions, engagées librement et volontairement dans une dynamique de respect réciproque permettant l'identification d'un projet commun respectant les identités individuelles et les enrichissant.

Chapitre 2

LES FONDEMENTS DE LA COEXISTENCE ACTIVE

Les éléments qui fondent les principes de ce que l'on pourrait qualifier de « philosophie de la coexistence active » n'ont de racines que l'observation du monde dans lequel ma génération évolue ainsi que l'expérience empirique d'un engagement de près de dix ans. Il m'apparaît important de préciser que le travail produit par Coexister et pour toute la société n'est pas une synthèse d'apports philosophiques anciens et encore moins le fruit d'un travail scientifique ou universitaire. La coexistence active est à la fois un principe qui fonde un savoir-être et une idée qui se traduit par une méthode d'action.

Elle se distingue des précédents modèles de coexistence en se déterminant d'abord par ce qu'elle n'est pas. C'était l'objet du chapitre 1. Mais qu'est-elle alors ? En premier lieu, on pourrait dire que la coexistence active est davantage inductive que déductive. Il ne s'agit pas d'une vague théorie qui cherche à se vérifier dans la pratique, mais d'une pratique éprouvée qui donne progressivement naissance à une théorie éventuellement généralisable.

De ce point de vue, il est utile de revenir sur les conditions qui ont vu naître l'association Coexister.

L'émergence d'une idée

Le 14 janvier 2009, l'armée israélienne est en opération terrestre à Gaza depuis près de onze jours et le conflit israélo-palestinien a pris une autre dimension. La tension entre Israéliens et Arabes à l'autre bout de la Méditerranée se répand dans le monde entier. Même si le conflit dure depuis plus de soixante ans, l'opération Plomb durci [1] marque le début d'une série d'opérations terrestres où s'affronteront Tsahal, l'armée israélienne, et le Hamas, déchaînant avec eux des passions pro-palestiniennes et pro-israéliennes dans le monde entier.

À Paris, depuis la fin du mois de décembre, de nombreuses manifestations ont lieu en soutien à telle ou telle population. Début janvier, des manifestations relativement proches, aux environs de la gare du Nord, donnent lieu à des affrontements physiques. Le soutien aux populations se transforme en désignation d'un ennemi, ici, en France. Des Français pointent du doigt d'autres Français en raison de leur appartenance communautaire, culturelle ou religieuse.

Les communautés religieuses constatent une instrumentalisation des identités confessionnelles dans la construction de l'image d'un ennemi. Dans toute la France, elles font passer le mot d'ordre de la mobilisation pour la paix et la cohésion. Ce 14 janvier, le quotidien *Libération* titre : « Gaza : empêcher la contagion en France. Face à la tension entre les communautés juives et musulmanes, des initiatives apparaissent pour maintenir le dialogue ».

Ce jour-là, trois communautés du 15e arrondissement de Paris mettent en œuvre ce mot d'ordre de façon très concrète. Les membres de la synagogue, de la mosquée et de l'église ont rendez-vous à 20 heures dans le théâtre de Saint-Léon, place du Cardinal-Amette, dans le but de prier ensemble pour la paix et les victimes. La salle est comble. Plus de six cents personnes sont

---

1. À la fin du mois de décembre 2008, l'armée israélienne entame une opération terrestre contre la bande de Gaza pour affronter le Hamas qui y est au pouvoir depuis 2006. Cette opération terrestre sera la première d'une série dont les suites ont été les opérations Pilier de défense et Bordure protectrice en 2012 et 2014.

au rendez-vous et aucune communauté n'apparaît comme sur-représentée. Aucun discours, trois lectures, du silence et cette interpellation de l'organisateur à mon égard qui me demande de prendre la parole pour expliquer les raisons de ma présence du haut de mes seize ans.

Je m'exécute devant les personnes rassemblées et j'invite les jeunes présents dans la salle à venir me rejoindre pour que nous organisions un don du sang symbolique entre toutes les communautés. « Trop de sang a coulé pour la guerre, faisons couler le sang pour la paix », dis-je alors.

La soirée se termine en présence des caméras de télé et des micros de radio. Je m'apprête à rentrer chez moi sauf qu'une dizaine de jeunes m'attendent à la sortie. Parmi eux deux juives, Margot et Hana ; trois musulmans, Réda, Youssef et Abderrahman ; cinq chrétiens, Tristan, Marie-Aude, Constantin, Camille et Tiphaine. Nous discutons et prenons rendez-vous le 21 janvier 2009, une semaine plus tard, pour poser les bases d'un groupe qui serait chargé d'organiser ce don du sang. Nous fixons trois objectifs à notre première réunion : une date pour le don du sang, un nom pour le groupe, un message pour l'action. Ce sera le 31 mai 2009, nous nous appellerons Coexister, et nous défendrons une coexistence active. Un premier manifeste prend alors la forme suivante :

> Nous, jeunes membres des trois religions,
>
> Nous croyons que l'Étoile, la Croix et le Croissant peuvent construire ensemble un monde plus uni.
>
> Nous croyons que la paix passe par la rencontre de l'autre, par la découverte de nos ressemblances et la compréhension de nos différences.
>
> Nous croyons que nos professions de foi, aussi différentes soient-elles, sont sources d'espérances communes.

Nous croyons que le dialogue est non seulement possible, mais qu'il est nécessaire, vital. Oui, comme Gandhi, nous savons que « la seule alternative à la coexistence, c'est la codestruction ».

C'est pourquoi, ici et maintenant, pour un monde meilleur, nous choisissons de coexister.

Pour nous, coexister, c'est prendre le parti de la paix, dans le respect mutuel.

Pour nous, coexister, c'est œuvrer activement en faveur d'un rapprochement entre les hommes.

Pour nous, coexister, c'est faire tomber les murs de nos préjugés.

Pour nous, coexister, c'est encourager le dialogue des cultures plutôt que le choc des civilisations.

Pour nous, coexister, c'est reconnaître que nous sommes tous frères et sœurs, membres de la « famille humaine ».

Coexister Aujourd'hui. Coexister pour Demain. Coexister avec Tous.

En juin 2015, lors de nos Assises nationales, l'association adopte la rédaction d'un nouveau texte plus proche de nos convictions actuelles :

Nous, jeunes de toutes convictions,

Juifs, chrétiens, musulmans,

Croyants, athées ou agnostiques

– Nous croyons que la **diversité**, qu'elle soit de religion ou de conviction, est une chance pour l'humanité. Nous croyons qu'elle est une opportunité pour apprendre à vivre ensemble dans nos sociétés contemporaines.

– Nous croyons que l'**unité** n'est possible que dans la diversité, que la pluralité de nos différences ne fait que souligner le poids de nos ressemblances.

– Nous croyons que nos **identités** et nos histoires individuelles constituent des racines profondes qui nous tiennent debout. Nous refusons d'en faire des « identités meurtrières ».
– Nous croyons que l'**altérité** n'est pas une source de division mais bien au contraire une raison pour ouvrir et pour inclure. Elle permet de respecter l'authenticité de l'expérience de l'autre.
– Nous croyons que le choc des civilisations n'aura pas lieu tant que des voix **sincères** s'élèveront pour promouvoir le dialogue des convictions.
– Nous croyons que la **liberté** de conscience, de religion, de conviction est un droit inaliénable et un droit fondamental pour chaque être humain et que celui-ci s'applique collectivement ou individuellement en privé ou en public.
– Nous croyons que nos différentes convictions peuvent être autant de sources d'une même coopération au service des autres. Nous croyons que la **fraternité** crée du lien au-delà et au travers des frontières visibles entre nos visions du monde.
C'est pourquoi, ici et maintenant, chez nous et autour de nous, pour mieux vivre et mieux faire ensemble nous choisissons la *Coexistence active.*
– Pour nous, la *Coexistence active*, c'est accepter et reconnaître que le monde et le pays dans lequel nous vivons sont **pluriels** et multiculturels.
– Pour nous, la *Coexistence active*, c'est nous redire que « **la seule alternative** à la coexistence est la codestruction ». « Nous apprendrons à vivre ensemble comme des frères ou nous mourrons ensemble comme des imbéciles [1]. »
– Pour nous, la *Coexistence active*, c'est faire de la différence une occasion de **créer du lien** et d'ajouter au *vivre-ensemble* un « faire ensemble », dans la coopération.

1. Martin Luther King.

– Pour nous, la *Coexistence active*, c'est promouvoir la **non-violence** dans nos modes de relations et de collaborations.
– Pour nous, la *Coexistence active*, c'est **dépasser la tolérance passive** d'une acceptation de l'autre par défaut et promouvoir le respect qui consent à accepter l'autre tel qu'il est dans un esprit de fraternité fondé sur la compréhension mutuelle.
– Pour nous, la *Coexistence active*, c'est **refuser toutes formes de peurs** et de préjugés qui créent des murs entre les individus au lieu de bâtir des ponts là où il y en a besoin.
Pour nous, la *Coexistence active*, c'est affirmer que, dans la diversité de nos convictions, nous pouvons et devons être **unis dans l'action**.
Coexister pour vivre ensemble et construire ensemble un monde meilleur pour chacun.

Un constat lucide

La vision de la coexistence active résulte d'abord d'un constat lucide sur le monde dans lequel nous vivons. Ce constat est double. Il s'agit d'abord de reconnaître et d'accepter la diversité comme un état de fait, mais aussi de regarder en face la prépondérance du fait religieux dans l'actualité internationale.

La diversité existe, c'est le premier constat. Même si certains la refusent ou envisagent de l'anéantir, la diversité est un fait et le processus même de diversification est en cours à l'échelle de la planète. Le pape François lui-même, de passage à Strasbourg, évoquait l'identité désormais multiculturelle de l'Europe[1]. Comme nous l'évoquions dans les différenciations historiques, le constat d'une société multiculturelle n'implique pas de soutenir le modèle de société multiculturaliste. Une fois

1. Discours du pape François devant le Conseil de l'Europe, 25 novembre 2014 (http://www.lavie.fr/actualite/documents/discours-du-pape-francois-devant-le-conseil-de-l-europe-25-11-2014-58127_496.php, page consultée en août 2015).

encore, le multiculturalisme vise à promouvoir les singularités communautaires de façon à préserver des richesses du patrimoine d'origine des migrants, alors que le constat multiculturel vise seulement à reconnaître l'existence d'une société diversifiée.

Ce constat n'est pas évident pour tout le monde. Il peut impliquer de se réconcilier avec une part de nous-même qui craint de vivre dans un environnement hétérogène. La ressemblance et l'homogénéité jouent toujours un rôle apaisant et rassurant. Un enfant se sent mieux avec les siens qu'avec des inconnus. Le voyage provoque souvent un mal du pays. Ce besoin fondamentals de chaque être humain est en réalité un besoin de racines. Ce besoin d'enracinement est souvent confondu avec le besoin de vivre avec ses semblables. En réalité, la question n'est pas tant l'environnement homogène que l'attachement à une histoire, un patrimoine, un terroir personnel, en somme un lieu ou un espace pour grandir. Cet espace n'est pas nécessairement géographique : il peut être culturel, religieux, social. Dans la peur de l'autre réside souvent en fait une peur du déracinement. Tout l'enjeu auquel nous devons faire face est notamment de montrer comment il est possible de réconcilier l'enracinement avec l'ouverture, car au fond les deux démarches sont compatibles. Elles sont mêmes complémentaires.

Il n'est pas besoin de voyager pour constater que la diversité existe. Il suffit d'ouvrir les yeux et de regarder autour de soi l'environnement dans lequel nous vivons. Au sein même de la ville de Paris, par exemple, si l'on se contente de son quartier d'habitation, on peut totalement ignorer qu'une diversité extraordinaire existe dans la même ville mais dans un tout autre quartier à l'autre bout de la municipalité. Là encore, être capable d'apprivoiser son environnement en regardant courageusement que nous sommes déjà différents sans même le vouloir, c'est commencer à mettre en œuvre la coexistence active. Ces autres qui sont chez moi sont en fait aussi chez eux, non seulement parce que nous sommes de la même nationalité mais aussi et surtout parce que nous sommes pareillement citoyens du monde. Au moment où la nécessité de limiter le réchauffement climatique est devenue vitale, il n'est plus possible d'envisager la Terre comme un espace découpé en prés carrés réservés aux uns et aux autres en vertu de leurs prétendues ressemblances et uniformités.

Au moment d'écrire *Tous les chemins mènent à l'autre*[1], je me souviens avoir entendu des réactions sceptiques vis-à-vis du titre choisi. Mais comment peut-on ne pas être d'accord avec un tel constat ? Peu importe le chemin que vous prenez, pourvu qu'il vous fasse sortir de chez vous, vous êtes nécessairement confronté à cet autre, quel qu'il soit. Que ce chemin mène ensuite vers des eaux tranquilles ou de sombres orages, c'est une autre histoire qu'il faudra évoquer plus tard. Mais avant de réfléchir aux intentions et au *modus operandi* d'une rencontre avec l'autre, cela commence toujours par l'état de fait : toi et moi sommes différents.

Le deuxième constat que j'évoquais concerne plus immédiatement la diversité strictement religieuse. Deux attitudes existent dans la négation de cette réalité. La première consiste à dire que la religion est en voie de disparition. La seconde revient à désirer que l'une d'entre elles prenne le pouvoir sur toutes les autres. Dans les deux cas, il s'agit de fantasmes qui voudraient qu'on en arrive en effet à une destruction de la diversité religieuse.

Les réalités démographiques, historiques, spirituelles et sociétales du monde dans lequel nous vivons révèlent que nous n'avons aucune raison d'accorder le moindre crédit à chacune de ces négations. Sur la capacité d'une religion à prendre le pouvoir sur les autres, n'en déplaise à Samuel Huntington, son *Choc des civilisations* n'a toujours pas eu lieu dans les termes où il l'an-

1. *Op. cit.*

nonçait en 1996 dans son célèbre essai. Au sommet des autorités politiques et religieuses de chacune des communautés de convictions, tout semble aller dans le sens inverse. Du pape aux cent vingt savants musulmans, en passant par le dalaï-lama ou le rabbin Rosen[1] le discours est unanime : le XXIe siècle sera un grand siècle à condition que nous sachions apprendre à vivre avec les autres. Je partage ce regard d'espoir sur le siècle qui vient. On rappelle souvent que Malraux disait : « Le XXIe siècle sera religieux ou ne sera pas. » Les faits certes dramatiques et déplorables d'extrémismes qui se multiplient au nom des différentes religions (Daesh au nom de l'islam, les Arakanais au nom du bouddhisme, le parti Bharatiya Janata au nom de l'hindouisme, les Anti-balaka au nom du christianisme ou Lehava au nom du judaïsme) ne peuvent pas laisser penser à un réel affrontement en règle. Quand bien même cet affrontement aurait lieu, il ne pourrait rationnellement pas donner lieu à la victoire de l'une des parties. La thèse de l'assimilation totale à l'une des religions existantes est écartée.

Par ailleurs, la thèse d'une baisse du fait religieux a aussi la peau dure. Regardons de plus près. Selon les chiffres du Pew Research Center[2] en 2012, le christianisme a augmenté de 1,24 % par an, l'islam de 1,26 % et l'hindouisme de 1,18 %. Ces trois principales religions représentent à elles seules les deux tiers de l'humanité. Dans le même temps, la population mondiale augmente actuellement de 1,1 % par an. Si l'on confronte l'augmentation démographique naturelle à celle des

1. Le rabbin David Rosen est l'ancien grand rabbin d'Irlande. Il est en charge des relations interreligieuses pour de nombreuses organisations juives internationales comme l'American Jewish Committee. Dans les sommets internationaux, comme ceux autour du pape, il représente souvent le judaïsme.

2. Basé à Washington DC, le Pew Research Center est spécialisé dans la production de statistiques religieuses qui reprennent les sources gouvernementales et non-gouvernementales pays par pays.

communautés religieuses, on constate effectivement que le fait religieux croît plus vite que la population mondiale. Concrètement, l'athéisme est par opposition une conviction en baisse. Même si 33 % à 66 % des Français s'en réclament, en fonction des sondages et de la question posée, le phénomène athée est un phénomène très isolé. On compte proportionnellement plus d'athées en Europe que dans le monde. Ce qui apparaît en revanche, c'est une baisse de la pratique, du sentiment d'appartenance et de l'identification à une communauté unique. Cela n'implique pas que la non-affiliation religieuse ou l'athéisme en soit la conséquence. Je ne porte aucun jugement sur telle ou telle conviction. Je ne considère pas non plus comme une bonne nouvelle la croissance du fait religieux dans le monde, je considère simplement qu'il faut se rendre à l'évidence. Quand bien même les faits de croissance évoqués par le Pew seraient contestables, cela ne changerait rien à la réalité d'une prépondérance des affaires religieuses dans les affaires internationales et les affaires intérieures d'un grand nombre de pays [1].

Faire ce constat ne signifie pas pour autant, comme on l'a vu avec la baisse de la pratique, que le rapport des femmes et des hommes aux religions soit statique. Des évolutions aux tendances contraires se font jour : l'une, que l'on appelle la sécularisation, voit des populations et parfois des législations se détacher du principe qui veut que les lois découlent de la religion majoritaire. C'est le cas de pays européens comme l'Irlande ou l'Espagne. À l'exact opposé, l'autre évolution se caractérise par une radicalisation fondamentaliste qui cherche à imposer à tous des lois et des modes de vie au nom des textes religieux, lesquels

1. Un colloque sur le sujet a été organisé par le ministère des Affaires étrangères. *Cf.* Denis Lacorne, Justin Vaïsse, Jean-Paul Willaime (sous la dir.), *La Diplomatie au défi des religions. Tensions, guerres, médiations*, Paris, Odile Jacob, 2014.

seraient censés être explicites en eux-mêmes et ne se prêter à aucune interprétation divergente.

Trois postulats pour commencer

Chacun porte un regard particulier sur la diversité. Est-elle positive ou négative ? Est-elle importante ou négligeable ? Est-elle utile ou dangereuse ? Est-elle réelle ou supposée ? De tous ces regards sur la différence j'ai extrait trois postulats de base qui orienteront notre rapport à la diversité.

Premier postulat : la nécessité

Tout en refusant d'engager le dialogue ou la coopération sous la contrainte d'une menace extérieure (voir les pages consacrées à la coexistence pacifique dans le chapitre 1), la coexistence active prend acte d'une certaine radicalité qui consiste à admettre que les alternatives sont réduites. Nehru et Martin Luther King l'exprimaient chacun à leur façon. « La seule alternative à la coexistence, c'est la co-destruction » disait Nehru. « Nous devons apprendre à vivre ensemble comme des frères ou nous mourrons ensemble comme des imbéciles », affirmait quant à lui Martin Luther King.

Si l'humanité ne prend pas les mesures nécessaires à la gestion de son pluralisme, elle sera contrainte à l'implosion. Nehru exprime cela dans un contexte où hindous et musulmans ne parviennent pas à vivre ensemble et sont contraints de créer deux États différents : l'Inde et le Pakistan. Il avait effectivement raison en ce sens où les deux États n'ont toujours pas trouvé d'accord de paix et qu'au sein même de l'Inde, des affrontements meurtriers opposent tous les ans hindous et musulmans depuis 1947. Martin Luther King évoque quant à lui la coexistence entre noirs et blancs en Amérique du Nord. Il avait aussi raison car l'entre-deux ne fonctionne jamais. La coexistence passive ou le multiculturalisme qui font que chacun vit chez soi mais à côté des autres n'éradiquent pas définitivement les dynamiques de co-destruction. Il n'y a que le choix d'une coexistence ou d'une vie ensemble dans la fraternité qui protège des dynamiques destructrices. L'actualité aux États-Unis le confirme. Malgré les droits civiques et la reconnaissance des droits de la communauté noire, le racisme existe encore et le « deux poids deux mesures » est pratiqué jusque dans la police.

Deuxième postulat : le rôle positif de la diversité

Un niveau plus élevé de convictions consiste à voir dans la diversité une force pour la société, un levier pour le vivre-ensemble. Le croire, c'est aller bien plus loin que de le constater. Si l'acceptation d'un environnement pluriel était le point de départ d'un projet de société qui aurait pour but la cohésion sociale, le postulat d'une diversité comme valeur ajoutée est un pas de plus.

J'aimerais prendre l'exemple du faire-ensemble, cette idée qui, au-delà du vivre-ensemble, permet à des personnes différentes de s'engager autour d'une action commune. Ces personnes prennent non seulement conscience qu'elles partagent une certaine vision de la société et du service des autres, mais elles découvrent aussi que l'engagement est plus profond lorsqu'il puise dans diverses traditions philosophiques et religieuses. En rassemblant des personnes différentes autour d'une même action de solidarité, l'action elle-même gagne en crédit, en pouvoir et en opportunités. Cela est aussi vrai pour le plaidoyer, par exemple lorsque les leaders religieux s'expriment ensemble pour le climat. Au-delà du côté symbolique, les cultures et les religions apportent un héritage considérable qui est très différent d'une communauté à l'autre. Lorsque ces héritages, qui sont de véritables puits de sagesse, viennent ensemble motiver une action ou un message commun, la diversité joue un rôle positif et propulsif.

Ce que l'on peut souhaiter pour une société comme la nôtre, c'est de voir cette diversité mise au service d'une construction commune à l'échelle de la nation.

Prenons l'exemple de la France. Si la République française prend conscience que son message est porté et défendu par des personnes de tous horizons et de toutes religions, et qu'elle sait valoriser cette diversité comme une richesse et non comme un danger, alors on peut espérer sans naïveté ou optimisme béat que la France a de beaux jours devant elle. C'est vrai pour ce pays mais ça l'est aussi, et de plus en plus, pour tous les autres. Nous reviendrons sur ce sujet, mais je crois néanmoins que la France, de par le cadre de la laïcité qu'elle a construite depuis un siècle, possède une chance plus forte encore d'inventer un modèle inédit où la diversité est utilisée comme une richesse.

Troisième postulat : pas de liens sans différences

Dans le discours politico-médiatique, la différence est systématiquement introduite par un ensemble de mots négatifs : « malgré la différence, « en dépit de la différence », « au-delà de la différence », etc. En somme, elle est soit subie, soit contournée, soit surmontée. On comprend en fait que dans l'inconscient collectif, la différence est vue comme le prétexte à un certain nombre de conflits et surtout de divisions. L'intelligence collective fait une sorte d'amalgame entre la diversité et la division. On entend notamment cette phrase : « Ne cherchons pas ce qui nous différencie mais plutôt ce qui nous rassemble. » Mais en quoi ce qui différencie ne pourrait pas rassembler ? Quelque chose qui différencie et qui rassemble est certes paradoxal mais ce n'est pas contradictoire. Prenons l'exemple de nos couleurs de peau. Nous pouvons être noir, blanc ou jaune mais ce que nous avons tous en commun, c'est la peau. Ceux qui disent « ne cherchons pas ce qui nous différencie mais ce qui nous rassemble » confondent en fait avec « ne cherchons pas ce qui nous divise mais ce qui nous rassemble ». On comprend que la confusion entre différence et division est profonde. Elle est ancrée dans la tête de la plupart de nos contemporains. Du moins, de par mon expérience autour du monde dans quarante pays avec l'InterFaith Tour, je considère qu'elle est surtout présente en Occident et en particulier en Europe.

Ce que l'on ne réalise pas en opposant la différence au rassemblement, c'est que la différence est la base du lien. Il ne peut y avoir de liens sans différences. Le lien rapproche deux entités qui sont distinctes. Pour qu'elles soient distinctes, il faut qu'elles se distinguent. Ces entités se distinguent précisément par leur différence. En revanche, les niveaux de différences peuvent être extrêmement nombreux : différences de sexe (homme, femme), de sexualité (hétéro, homo), de couleur (noir, blanc, beur), d'âge (jeune, vieux), de culture (européenne, orientale, indienne), de religion (juif, chrétien, musulman), de santé (handicapés, malades, valides), etc. Toutes ces différences sont autant d'éléments qui peuvent séparer et mettre à l'écart ou au contraire créer des liens. C'est d'ailleurs la base d'un couple. Un couple réunit deux personnes différentes. Qu'il s'agisse d'un couple homosexuel ou hétérosexuel, ses membres sont toujours deux personnes différentes.

Avec l'apparition de la parité comme norme politique, nous savons que les femmes affrontent moins d'obstacles que par le passé pour accéder aux responsabilités et qu'en les exerçant, elles démontrent à la fois des compétences similaires aux hommes et y apportent pour certaines d'entre elles d'autres manières de voir le monde et d'agir sur lui. Que des hommes et des femmes exercent ensemble les mêmes niveaux de responsabilité, que des femmes dirigent des hommes, change incontestablement la donne, au sens où des hommes et des femmes apprennent à travailler ensemble à égalité. Un croyant et un non-croyant s'apportent leur vision du monde et du rapport à la vie, son commencement et sa fin. Cela touche nos quotidiens. Au sein des croyants qui se reconnaissent dans une religion monothéiste, on peut aussi le constater entre les différentes adhésions aux révélations juives, chrétiennes ou musulmanes.

La différence crée du lien. Je crois que c'est le cœur de notre conviction. C'est la mienne depuis mon plus jeune âge. C'était la nôtre avec mes onze camarades le 14 janvier 2009 à Paris, c'est celle que nous portons et que nous proposons aujourd'hui à la société tout entière. Nous avons plus que jamais besoin de ce lien pour créer de la cohésion, de la vie ensemble, du bien-être partagé.

Un *modus vivendi* : la coopération au quotidien

Nous poursuivons donc notre raisonnement, forts de cette triple conviction : la diversité existe, elle est une chance, et est même nécessaire pour créer du lien. Nous verrons comment cette diversité s'exprime au quotidien en termes de savoir-être et de positionnement.

La non-violence comme mode de relations

Au cœur de toute relation fructueuse, nous trouvons la communication. Elle est le secret de toutes les équipes qui savent travailler ensemble sur la durée, de tous ces couples qui tentent de faire durer leur complicité. Ce qui est vrai en duo est *a fortiori* vrai en groupe, en particulier si ce groupe est hétérogène.

Lorsqu'il nous a fallu choisir un mode de communication, c'est sans hésiter que nous nous sommes référés aux travaux de Gandhi et de ses héritiers. Depuis 1912 et les premiers écrits du père de la théorie de la non-violence, trois formes de réactions à l'altérité ont été définies, en particulier si celle-ci devient de l'adversité. Une première réaction, qui est au plus bas de l'échelle de la philosophie non-violente, comporte pêle-mêle la neutralité, la passivité, la soumission et la fuite. Une deuxième réaction, plus haute dans l'estime du militant, consiste à répondre par la violence. Enfin, tout en haut, se trouve la non-violence. Dès lors, on comprend que la non-violence est bien davantage qu'une simple négation de la violence. Elle est une transformation de la violence. Elle apprivoise l'énergie infinie qui est créée par la violence à l'intérieur de soi, dompte cette énergie et la transforme en une force créatrice.

Celle-ci permet la résolution des conflits de façon juste et équitable pour chacun. Pour cela, un prérequis est nécessaire : la satisfaction des besoins de chacun dans la limite de ceux des autres. « Cessez d'être gentils, soyez vrais [1] », titrait un célèbre auteur non-violent pour expliquer à juste titre comment la non-expression d'un besoin individuel peut se transformer en frustration et donc en violence. La violence ne naît que de la violence. Elle est un cycle, un processus. Nos sociétés ont parfois trop tendance à considérer comme coupables et responsables toutes les personnes ayant recours à un acte violent. Si cela est vrai d'un point de vue juridique, cela est faux d'un point de vue humain. Une personne violente ne fait qu'exprimer la violence en elle, reçue de façon exogène (violence physique ou verbale) ou endogène (frustration, colère). Nous sommes tous traversés par ces flux d'énergie que la violence est capable de créer en notre sein. Toute la difficulté est de catalyser le mode d'expression et d'assouvissement de cette énergie intense.

Parmi les grands principes de la communication non violente au quotidien, celui qui me paraît être le plus fondamen-

---

1. Thomas D'Ansembourg, *Cessez d'être gentil soyez vrai ! Être avec les autres en restant soi-même*, Montréal, Les Éditions de l'Homme, 2001.

tal et le plus nécessaire est l'interdiction du « tu ». Il ne faut que dire « je ». Que savons-nous de l'autre ? Beaucoup de phrases qui commencent par « tu » suivi d'un qualificatif ou d'un adverbe enferment l'interlocuteur dans une identité ou une situation dont nous ne savons pas si elle est réelle. Prenons l'exemple du « tu es méprisant ». Savons-nous vraiment si à l'intérieur de cette personne, il y a du mépris ? La communication non-violente préfère à ce moment-là le « je me sens méprisé en ta présence ». L'interlocuteur ne peut pas contester cette phrase. Il a en face de lui quelqu'un qui se sent méprisé. Que ce soit à tort ou à raison, à l'instant où il s'exprime, il se sent méprisé. Cette façon de parler crée de la liberté et donc du respect. Combien de fois rêvons-nous d'entendre « j'ai besoin de plus de patience de ta part » plutôt que « tu es impatient ». Dans le premier cas, notre interlocuteur exprime son besoin. Nous n'y pouvons rien, c'est une réalité. Cela fonctionne aussi pour l'écoute : « J'entends que tu ne vas pas très bien » plutôt que « tu ne vas pas très bien » évite d'enfermer l'autre dans son malaise.

Le respect plutôt que la tolérance

Très vite, nous avons réalisé, notamment par comparaison historique avec l'édit de Nantes, que la tolérance était une fausse valeur, une valeur piégée. L'acceptation de l'autre par défaut cache en fait une attitude condescendante qui ne permet pas à l'autre de s'épanouir tel qu'il est. La tolérance est en fait une sorte de point zéro. Lorsque nous évoquerons plus loin la question de l'identité et de l'altérité, nous verrons que la tolérance n'est pas une attitude négative. Elle est simplement la première attitude passive, la moins impliquante. Elle ne protège de rien, ni d'une tension, ni d'une guerre, ni d'une recrudescence de la violence. Cela est vrai pour celui qui tolère comme pour celui qui est toléré.

En face de la tolérance, une valeur plus profonde, et surtout plus active, fait son apparition : il s'agit du respect. Le respect porte implicitement la notion d'estime, c'est-à-dire une notion de valeur. Respecter quelqu'un, c'est lui reconnaître une valeur, l'estimer. Le respect est possible pour tout être humain vis-à-vis de n'importe quel autre. De fait, quand bien même nous ne partageons aucune idée, aucune valeur avec autrui, nous pouvons lui reconnaître la dignité qui est intrinsèque à son humanité, et cette dignité inaliénable est celle qui peut permettre l'estime. C'est la victoire de la justice. En étant jugé selon un code, par un pouvoir neutre et impartial, un criminel est respecté dans sa dignité d'être humain. Certains me diront que les nazis ne méritent pas d'être respectés. Je répondrai que cela vaut pour qui que ce soit, et j'ajouterai que, de fait, ils ont été respectés par les Alliés et même par les victimes. La façon dont certains criminels ont été jugés dignement et respectueusement par des juifs eux-mêmes en Israël est une preuve que le respect de la dignité humaine vaut pour chaque homme.

Ce respect implique, il engage, il mobilise notre approbation. On peut tolérer quelqu'un sans s'en rendre compte. On ne peut pas respecter quelqu'un sans s'en apercevoir. Le respect est une démarche active et consciente. Le respect peut ensuite avoir plusieurs niveaux ou plusieurs degrés, mais dès que la démarche est engagée, on quitte le seuil zéro de la tolérance pour passer à un niveau progressivement plus élevé. L'idéal réside évidemment dans la réciprocité de ce respect. Je crois que l'exemple le plus probant que j'ai en tête est celui de cette vie commune au quotidien entre les frères cisterciens et les habitants de Tibhérine. On trouve dans leur coexistence active de chaque jour du respect et de l'estime. Ils s'apprécient, se connaissent et se voient les uns et les autres comme précieux. Ils savent reconnaître que dans leurs différences, ils sont riches de leurs singularités.

Diversité de convictions, unité dans l'action

Finalement, dans la non-violence et le respect, le *modus vivendi* le plus abouti de la coexistence active est explicité dans notre devise : « Diversité de convictions, unité dans l'action ». On retrouve ce que nous évoquions plus haut autour de la solidarité. Je suis frappé de voir pourquoi des personnalités comme le pape François, le dalaï-lama ou mère Teresa forcent l'admiration. Je crois qu'ils ont comme point commun ce que nous appelons cette « option préférentielle pour le pauvre ». Ils ont ou ont eu une vie simple, proche des pauvres, sobre et heureuse. Dans ce service et ce don de la vie qui est fait, on peut éventuellement percevoir un invariant de l'humanité.

Je n'aime pourtant pas les tentatives de comparaison ou de rapprochement théologique entre les différentes traditions religieuses, mais plusieurs activistes interreligieux des années quatre-vingt s'y sont essayés et ont théorisé que la seule phrase qui peut faire office de « règle d'or » en rassemblant tous les héritages religieux est « Fais aux autres ce que tu voudrais qu'on te fasse » traduit aussi par « Ne fais pas aux autres ce que tu ne voudrais pas qu'on te fasse ». Cette possible « règle d'or » que j'ai retrouvé affichée dans beaucoup de sièges des organisations interreligieuses visitées avec InterFaith Tour explicite peut-être les raisons d'une appréciation relativement favorable et consensuelle à l'égard de personnalités comme mère Téresa. On touche à ce qui est irréductiblement commun.

Cet irréductiblement commun, cette volonté ou possibilité de se mettre au service des autres, cette solidarité devient en fait le socle de la diversité. Pas de liens sans différence. Pas de diversité sans communauté de destins. La diversité irréductible de croyances, de religions ou de cultures devient vivable et acceptable quand on exprime ensemble une commune appartenance à une société et, *a fortiori*, à l'humanité. L'unité peut se faire autour de la solidarité, sans aucun doute. En d'autres termes, pour être rendue possible dans un domaine, la diversité a besoin de l'unité comme équilibre dans un autre domaine. S'il y a diversité dans la foi, la religion ou la conviction, on peut alors imaginer et même faire en sorte qu'il y ait unité dans l'action, la coopération ou le service. Le dialogue et l'équilibre entre l'unité et la diversité rendent donc l'un et l'autre possibles. On suppose en fait ici que les hommes ont besoin de ressentir les deux dynamiques. L'une ou l'autre érigée comme valeur absolue créerait un sentiment de manque vis-à-vis de l'autre valeur. Trop de diversité crée des particularismes fragmentés. Trop d'unité peut provoquer une uniformité étouffante.

Je ne peux pas dire combien de fois je vois des jeunes de Coexister venir me raconter que leurs différences avec les autres leur faisaient croire à une division insolvable, une incompréhension profonde, cela jusqu'au jour où, autour de l'action concrète au service des autres, ils découvrent qu'ils peuvent partager des valeurs sur un *modus vivendi* qui devient un *modus operandi*.

Notre devise est une légère transformation de la devise de l'ONG internationale Religions for Peace : « Diferrent Faiths, Common Actions ». Nous devons beaucoup à ce mouvement dont le siège est aux Nations unies à New York. Je crois que le message est clair et qu'il est toujours important de nous rappeler qu'il est possible de dire : « Ce n'est pas grave. » Oui, nous sommes différents, nous sommes en désaccord sur des sujets de fond, nous avons des désaccords théologiques profonds, nous sommes irréconciliables dans nos débats théoriques mais ce n'est pas grave. Ce n'est pas grave parce que nous pouvons malgré tout agir ensemble. Nous pouvons quoi qu'il arrive entreprendre de faire quelque chose ensemble qui corresponde à cette valeur universellement partagée qu'est la solidarité.

Au Liban, une organisation exemplaire dans le domaine de l'interreligieux portant le nom de *Adyan*[1] promeut ce qu'elle appelle la solidarité spirituelle. Ce concept, qui est né dans un pays religieux, permet aux croyants de vivre cette unité en prenant en compte leur particularité de croyants. Ses fondateurs, Fadi Daou, prêtre catholique maronite, et Nayla Tabarra, théologienne musulmane, m'écrivent à ce sujet :

> « Vivre la solidarité spirituelle entre des personnes différentes dans leur appartenance, leurs convictions et leur parcours religieux, signifie avoir une vision qui perçoit l'unité au cœur de la diversité. C'est à la fois un acte de conviction ou de foi et une expérience vécue ensemble, qui permet à plusieurs partenaires dans la relation interreligieuse de se situer, non pas en face-à-face, mais ensemble face à Dieu et aux appels de l'humanité qui les unissent.
>
> C'est d'une part croire que "Dieu est plus grand" que toutes nos catégories religieuses et nos perceptions de la religion. D'autre part, permettre aux expériences religieuses différentes de se situer dans un espace spirituel commun où la quête de l'union à Dieu – ultime but de l'acte de foi – contribue à réaliser l'unité entre les croyants, malgré l'altérité religieuse qui les caractérise. Ceci implique une reconnaissance mutuelle de l'authenticité de l'expérience spirituelle de chacun et le respect des différences religieuses irréductibles. Mais dans ce contexte, l'altérité religieuse n'est pas conçue comme un obstacle à la rencontre mais plutôt comme une source d'enrichissement. La solidarité spirituelle n'est donc pas ainsi une quête d'uniformité à partir du plus petit dénominateur commun entre les religions, mais une ouverture à la richesse et à l'authenticité des expériences spirituelles différentes et à

1. « Religion » au pluriel, en arabe.

la possibilité d'un enrichissement mutuel entre croyants, vécu dans la confiance, la clarté et la fraternité.

D'autre part, la solidarité spirituelle permet aux croyants de différentes traditions religieuses d'enraciner leur engagement commun au niveau des appels de la société dans la diversité réconciliée de leurs expériences spirituelles. Elle construit ainsi le lien entre l'unité dans l'action et la diversité des convictions. Elle permet à chacun des partenaires de voir l'unité dans l'autre entre sa foi et son engagement. Ainsi, nous sommes ensemble, non en dépit de nos différences religieuses mais grâce à nos engagements religieux différents. L'unité qui se construit socialement répond ainsi à une unité sous-jacente et souvent invisible sur le plan spirituel. Pour les croyants, il est ainsi plus juste de penser la vision de leur action sur la terre en continuité avec la volonté de Dieu et de son mystère à l'œuvre dans le monde, pour réunir ses enfants dans l'unité de son amour et de sa miséricorde. »

Ainsi, pour les croyants des religions monothéistes, Dieu peut unir et réunir. Si, comme c'est le cas à Coexister, nous élargissons le cercle de l'action à l'ensemble des personnes animées par une conviction, qu'elles soient religieuses ou pas, c'est semble-t-il l'unité entre les hommes et l'égale dignité de chacun qui peut être le moteur de la construction commune du vivre-ensemble.

Pour croyants et non-croyants, la solidarité auprès des pauvres, des personnes âgées, des malades ou des enfants permet aussi de nous décentrer de nos égocentrismes collectifs ou de nos nombrilismes communautaires. Face à l'humilité et à la faiblesse, c'est en servant que nous apprenons que nous sommes à la fois différents et semblables mais que nous pouvons servir les mêmes causes. Nous pouvons constater autour de nous un besoin social, un vide d'entraide, une attente et y répondre avec des personnes différentes. Deux choses se produiront alors. La cause ou le service qui sera défendu bénéficiera d'une variété de causes tournées vers une seule conséquence d'une part et, d'autre part, les acteurs de cette cause qui se savent différents voire irréconciliables découvriront qu'ils partagent encore quelque chose de fondamental : la solidarité.

Un savoir-être : apprivoiser les paradoxes

Pour envisager de construire des savoir-être à l'échelle de l'individu, il paraît plus simple d'isoler certains de nos comportements lorsque nous réagissons à la présence d'un autre, et de les exacerber au maximum pour en imaginer les conséquences s'ils étaient généralisés.

La ligne de crête entre les trois chocs contemporains

Amin Maalouf a expliqué mieux que personne comment la génération actuelle se retrouvait face un dilemme insoutenable. Le choix qui s'offre à nous se résume de la façon suivante : soit nous tenons à nos identités d'appartenances et nous sommes condamnés au rejet de ceux qui ne partagent pas avec nous cette appartenance, soit nous souhaitons au contraire une ouverture aux personnes dont nous ne partageons pas les appartenances et cela provoque souvent une dissolution de notre identité d'origine, un déracinement de notre histoire.

Il est grand temps de ne plus avoir besoin de choisir. Un arbre ne tient pas debout sans branches et sans racines. Les hommes sont comme des arbres qui puisent dans leurs racines la solidité et l'héritage de leur histoire, qui captent dans leurs branches la lumière et l'eau des rencontres qu'ils font au quotidien. Si nous voulons nous tenir debout et être fiers de ce que nous allons faire du siècle qui commence, il faudra refuser encore et toujours ce choix qui crée des identités meurtrières.

La coexistence active se positionne comme une ligne de crête où l'on refuse de choisir. Trois chocs se placent devant et derrière nous :

– Le « choc des civilisations » repose sur une exacerbation des identités individuelles considérées comme exclusives et totalitaires. Le « moi » devient plus fort que le « tu ». Les groupes d'appartenances cherchent à convertir ou à vaincre les autres pour affirmer leur modèle ou leurs idées aux dépens de ceux des autres. Le prosélytisme religieux est le premier complice quotidien de ce système. Il repose sur l'idée que l'autre serait mieux s'il était tel que je suis. Les discours d'incompatibilité entre telle ou telle religion et telle région du monde renforcent ce fantasme. « L'islam n'est pas compatible avec l'Occident ou avec la Birmanie », « le christianisme et le chiisme ne sont pas compatibles avec le Moyen-Orient », etc. Dans ce système, les appartenances sont simples, claires, nettes. Elles disposent de frontières. Elles envisagent les différences comme des antagonismes, c'est-à-dire des contradictions qu'il faut résoudre par l'affrontement.

– Le choc des ignorances repose quant à lui sur un désintérêt prononcé pour sa propre identité comme pour celle des autres. Nous ne sommes que des citoyens du monde, nous ne sommes qu'humains car nous avons deux mains et deux jambes. Nous n'avons ni originalité ni histoire. Nos singularités ne sont qu'accidentelles, nos convictions sont toutes relatives car historiquement construites. L'identité et l'altérité doivent apparaître le moins possible car tout est vain et illusoire. L'une des causes de cette ignorance est parfois le renvoi systématique à notre commune humanité, comme si elle résolvait à elle seule les questions d'identités et d'appartenances.

– Le choc de l'assimilation, souvent consécutif d'un bon sentiment, tend à placer l'altérité comme valeur suprême. La différence et l'autre sont constitutifs de nos sociétés. Mais si chacun fait de même, il n'y a plus d'autres puisqu'il n'y a plus de « moi ». Dans le relativisme assimilationniste, les masses s'uniformisent pour ne garder que ce qu'elles ont en commun. Le plus petit dénominateur commun devient la norme. Dans ce système, tout se vaut ou presque car les autres valent souvent bien mieux que moi. Si je veux vivre avec eux, il me faut être prêt à tout quitter et à renoncer à mon identité. Complice du choc des civilisations mais dans l'autre sens, le relativisme se soumet plutôt que de soumettre. Mais au final, c'est la même équation dans l'autre sens. Dans un cas, le choc des civilisations nous dit que les différences sont des problèmes et, dans l'autre, la logique de l'assimilation affirme que les ressemblances sont les solutions. Le rouleau compresseur de l'uniformisation joue finalement le même rôle que la haine nationaliste ou fondamentaliste. Ils s'accordent pour dire la même chose mais en miroir.

Au milieu de ces trois chocs, il existe un chemin qui tend à créer en même temps de l'identité et de l'altérité, du commun et du singulier.

L'équilibre entre l'identité et l'altérité

Dans chaque geste, chaque action, chaque journée, il est possible de s'ouvrir en même temps à son identité et à l'altérité, d'approfondir à la fois l'un et l'autre. Ce n'est qu'une question de choix. Approfondir son identité, c'est comme creuser un puits dans son histoire et dans ses convictions. C'est reconnaître que des composantes de nous-même sont précieuses soit parce qu'elles sont héritées soit parce qu'elles sont choisies. Notre identité peut être complexe et multiple mais elle a besoin d'être ferme. La fermeté d'une identité ne signifie pas pour autant son unicité. On peut être franco-algérien et avoir une identité ferme, celle-ci s'enracine dans une double appartenance nationale qui offre d'incroyables opportunités de maîtrise de deux langages, de visions du monde, de formes de sociétés, d'approches culturelles. Je pense à l'exemple des États-Unis où le drapeau, la fête nationale et la symbolique américaine sont extrêmement importants aux yeux des citoyens. Cette identité n'est pas incompatible avec une pluralité d'identités singulières ni avec une ouverture au monde qui les entoure. Certes les États-Unis sont en proie à de vives tensions raciales encore aujourd'hui, mais le sentiment d'une commune appartenance à la nation américaine est un terreau du *melting pot* qui, malgré ses difficultés, permet à des personnes fondamentalement différentes de vivre ensemble dans le même pays.

Dans cet enracinement salutaire, il est aussi possible de veiller à ce que l'autre soit respecté tel qu'il est dans ce que je fais. Comme au travail ou en famille, je m'épanouis en prenant en compte le droit et le besoin de l'autre à en faire autant. Permettre à l'autre de choisir ou recevoir ses propres racines ne doit pas entraîner une dynamique de renoncement de celles qui sont les nôtres. C'est là toute la difficulté de l'équilibre. La fascination pour l'autre peut souvent entraîner un oubli de soi. Combien d'Occidentaux reviennent d'Asie ou d'Inde, un voyage vers l'ailleurs, un passage dans un autre monde, en ayant renoncé à des composantes vitales de leur identité. Les dynamiques de renoncement de nos identités entraînent de la confusion, des frustrations et surtout une perte de saveur pour soi comme pour l'autre. Si en tant qu'Européen je reçois beaucoup d'un Indien, que donner à un Indien en échange si j'ai renoncé à mon histoire d'Européen ? Les renoncements individuels ouvrent la brèche à des dynamiques de rapport de force. Un arbre sans racines est en danger. L'enracinement inclut une identité, qu'elle soit liée à un terroir, à une langue ou à une religion. Tant qu'il n'y a pas de menaces, un être déraciné ne réalise pas le danger que représente la rupture avec son histoire et son identité.

Mais dans le cadre d'une hostilité, le regret est lourd. L'oubli de son histoire personnelle ou collective peut provoquer des frustrations qui rejailliront sous la forme d'une amertume ou d'une rancœur. Les milices serbes jouaient sur ce sentiment d'amertume pour recruter parmi des Serbes désabusés à qui l'on avait dit qu'ils n'étaient que Yougoslaves, les menant ainsi à oublier malgré eux leurs racines orthodoxes.

L'équilibre entre ressemblances et différences

Dans l'approche comparative entre identité et altérité, on cherche souvent à distinguer ressemblances et différences. Là aussi, il est de notre devoir de savoir encourager et regarder les deux. L'adage contemporain « cherchons nos ressemblances plutôt que nos différences » renvoie comme je l'évoquais plus haut à un triste amalgame entre la différence et la division. Ressemblances et différences fonctionnent comme des rouages qui s'entremêlent. Dans chaque relation, c'est la dialectique entre les deux qui crée une synergie. Cette dynamique permet à nos relations de se reposer sur des points communs comme des acquis et des valeurs partagés et par conséquent de laisser s'épanouir sereinement des points de divergences qui ne sont pas insurmontables. Ces points de divergences nourrissent la relation et lui donnent un sens, une raison d'être, car c'est sur la différence qu'on échange. Les points de convergence assoient la relation, lui donnent une base, un cadre, car c'est dans la ressemblance qu'on peut se faire confiance.

L'équilibre entre unité et diversité

Toute la question qui traverse finalement nos sociétés contemporaines à l'échelle de la planète c'est de savoir comment il est possible de vivre l'unité de la famille humaine dans l'infinie diversité qui la caractérise. C'est la gestion de cet éternel paradoxe qui risque fort de constituer un enjeu majeur au cours des prochaines décennies.

Cette question s'applique finalement autant à l'humanité qu'à l'individu lui-même quand il s'agit d'une personne dont le parcours la conduit à rencontrer une multiplicité de cultures, de religions, de modes de vie. Comment fait-elle pour concilier en elle-même l'unité de son être et la diversité de ses appartenances ? C'est la plus lancinante curiosité de la vie et du témoignage d'un homme comme Amin Maalouf qui est tout à la fois Français et Libanais, catholique melkite et de rite byzantin.

Contrairement à ce qui est souvent ambitionné dans le discours politique médiatique, plutôt que de réduire au maximum les éléments qui créent du commun (l'unité) et du singulier (la diversité), la coexistence active croit plutôt qu'il faut augmenter au maximum les effets de ces deux éléments. La devise de l'Union européenne, « Unis dans la diversité », ambitionne de réunir des peuples qui se sont entretués au cours de plusieurs siècles de guerres « fratricides [1] ».

Augmenter les facteurs d'unité et de diversité permet donc le vivre-ensemble. Ç'en est même la condition *sine qua non.* Dès lors qu'il est clair et acquis qu'aucun des deux éléments n'est incompatible avec l'autre et que cette dialectique est non seulement possible mais souhaitable, alors nous avons la clé.

Nous avons besoin de facteurs d'unité comme nos valeurs fondamentales, nos droits de l'Homme, notre histoire nationale même si nos ancêtres n'étaient pas tous là depuis 1 600 ans, notre territoire situé au carrefour de l'Europe, nos terroirs, nos traditions culinaires, notre drapeau qui en trois couleurs symbolise ce qui nous unit – la démocratie encadrant l'autorité –, notre

1. *Cf.* Stefan Zweig, *Le Monde d'hier. Souvenirs d'un Européen*, Paris, Le Livre de Poche, 1996.

langue riche et précise, notre accueil du tourisme mondial en tant que premier pays visité au monde, notre devise qui nous invite à la fraternité, c'est-à-dire à nous envisager comme frères, notre famille en somme.

Mais nous avons aussi besoin d'éléments de diversité qui, grâce à cette forte unité, pourront s'exprimer et s'épanouir. Nous avons besoin des traditions culinaires des familles dont la France a scellé l'adoption, nous avons besoin de nos accents locaux qui nous rappellent qu'une même langue peut avoir plusieurs musiques, nous avons besoin de nos couleurs de peau qui nous redisent que la couleur n'est pas un choix, nous avons besoin d'accrocher à côté du drapeau français notre drapeau européen qui fait honneur à la diversité de nos peuples voisins, mais aussi les drapeaux de nos origines familiales car l'histoire de la France est une histoire d'immigration, nous avons besoin de toutes les convictions, religieuses ou non, qui, bien que contradictoires sur un plan théologique, suscitent pourtant les mêmes élans d'engagement et de service. Pour ce faire, la France promeut la notion de laïcité, terme dont le contenu est aujourd'hui loin de faire consensus.

Chapitre 3

COEXISTENCE ACTIVE, INTERRELIGIEUX ET LAÏCITÉ

Le dialogue des convictions, religieuses ou non, a-t-il droit de cité dans l'espace public ? Doit-il, pour respecter les consciences, être simplement d'ordre privé ? L'interreligieux est-il compatible avec la loi de 1905 ? L'interreligieux est-il laïc ? L'expérience de Coexister peut-elle contribuer à la laïcité et favoriser le vivre-ensemble ? Peut-on s'engager pour la coexistence active des croyants de toutes religions et des incroyants sans remettre en cause les fondements du cadre légal de la laïcité ?

Souvent présentés hors du cadre laïc et parfois même perçus comme l'antithèse de la loi de séparation des Églises et de l'État, l'interreligieux et le dialogue des convictions sont pourtant un levier efficace pour la cohésion sociale. Or cette cohésion sociale est précisément ce que les rédacteurs du texte de 1905 espéraient permettre. Dans l'esprit de cette loi, donc, mais avec un caractère parfois inédit, la coexistence active et l'interreligieux peuvent trouver place dans ces préoccupations.

Depuis l'affaire du voile à Creil [1], qui avait défrayé la chronique en septembre 1989, la France est en proie à une crise identitaire qui n'est toujours pas terminée. Récupérée par l'extrême droite, la question du port du foulard à l'école a soulevé de nouvelles questions et fait ressurgir les logiques nationalistes et

1. Où trois jeunes élèves avaient été exclues du collège Gabriel-Havez car elles refusaient d'ôter leur voile.

identitaires. La place de la femme, le combat entre assimilation et communautarisme, la confusion entre musulmans, Arabes et immigrés, l'islamisme radical, ou encore le fantasme de l'islamisation, l'augmentation des actes et idées islamophobes sont autant de sujets dont nous entendons parler depuis maintenant un quart de siècle. Invoquée à tort comme la garantie du « maintien de la religion dans la sphère privée », la laïcité est devenue le fer de lance des acteurs et commentateurs de la vie publique qui y vont tous de leur « expertise » plus ou moins réelle.

La prépondérance de la question dans le débat public et l'utilisation quasi systématique du terme même de laïcité illustrent assez bien l'évolution du contexte, qui n'est plus du tout le même que celui de la Marche pour l'égalité et contre le racisme qui, en 1983, entraîna la création de SOS racisme. Au débat sur l'immigration et la pluralité des cultures se substitue désormais celui sur les convictions et la pluralité des religions. Certes ces deux débats présentent des traits communs mais la tonalité actuelle est tout à fait inédite.

Aussi paradoxal que cela puisse paraître, le cadre juridique de la laïcité tel que défini dans le texte de 1905 représente une opportunité extraordinaire pour la cohésion sociale alors que son exploitation politico-médiatique suscite pour l'heure l'effet inverse en divisant et en opposant les citoyens. J'essaierai de montrer, dans ce chapitre, dans quelle mesure la neutralité de l'État et l'égalité des citoyens semblent représenter la voie la plus souhaitable pour permettre une coexistence effective des citoyens.

La laïcité et ses différentes interprétations

En dépit du fait que la laïcité soit en premier lieu en France un texte législatif unique, il en existe une quantité infinie d'approches et de conceptions. La plupart du temps, le tort consiste à l'ériger comme valeur ou conviction alors qu'elle est d'abord le cadre légal qui permet d'assurer la pluralité des confessions.

Le sécularisme en France

Je n'ai jamais compris la pertinence de l'expression « laïcité à la française ». Il n'y a pas de « laïcité à la française », mais « la » laïcité. Peu importe que son application légale ait été entreprise pour la première fois en France. Il est vrai que la France a inspiré en la matière d'autres pays, dont les cadres juridiques sont parfaitement résumés par Jean Baubérot, spécialiste de la laïcité, dans l'un de ses derniers ouvrages [1]. Si la mise en pratique de la laïcité peut varier d'un pays à l'autre, sa valeur et sa portée restent partout les mêmes.

La sécularisation, quant à elle, s'affirme comme un processus à l'échelle planétaire depuis près de deux siècles. Définie par Max Weber comme un « désenchantement [2] », la sécularisation est en fait un processus qui va de pair avec la modernité. Le modèle politique qui en résulte sépare le pouvoir spirituel du pouvoir temporel. La cité est dirigée par des personnes laïques, qui ne tirent plus leur légitimité du divin. Ce modèle politique – le sécularisme – s'est incarné en France sous la forme de la laïcité. Voilà en quoi on ne peut pas véritablement parler d'une « laïcité à la française » mais éventuellement d'un « sécularisme à la française », qui s'incarne dans le principe de la laïcité. Ce sécularisme prend d'autres formes dans d'autres pays.

Pourquoi et comment cette modernisation des appareils d'État et des fonctionnements démocratiques, qui a entraîné des séparations structurelles entre le religieux et le politique, s'est-elle incarnée en France par l'émergence d'une idée nouvelle comme la laïcité ? C'est une question à laquelle il est difficile de répondre mais les conditions dans lesquelles la Révolution française a vu le jour me semblent être une piste intéressante, dans

1. Jean Baubérot, *Les Laïcités dans le monde*, Paris, PUF, coll. « Que sais-je ? », 2014.
2. Max Weber, *L'Éthique protestante et l'esprit du capitalisme*, Paris, Plon, 1964.

la mesure où, pour la première fois, les juifs furent considérés comme des citoyens. L'héritage de l'édit de Nantes et de sa révocation y est probablement aussi pour quelque chose. Sans doute le souvenir des guerres de religion et des dragonnades contre les protestants a-t-il joué un rôle dans la recherche d'un cadre permettant la coexistence des différentes confessions.

Les trois piliers de la laïcité

La séparation des Églises et de l'État constitue bien entendu le premier socle sur lequel repose la laïcité qui est donc en premier lieu un sécularisme. Elle est la séparation de deux pouvoirs qui, sous l'Ancien Régime, se légitimaient l'un et l'autre dans la mesure où le roi tirait son pouvoir de Dieu par la médiation de l'Église romaine. Un seul dieu, un seul roi ou empereur, un seul pays, le tout béni par un seul pape. Des penseurs de la modernité comme Hobbes, Machiavel ou Rousseau ont très vite pensé la question et tous en ont conclu que cette séparation était inéluctable. Celle-ci entraîne non seulement la création de deux entités distinctes – les Églises d'un côté, l'État de l'autre – mais elle rend également impossible le contrôle de l'une sur l'autre. L'État n'interfère pas dans la vie de la communauté de fidèles et les responsables religieux n'interviennent pas dans la vie de l'État. Chaque structure fonctionne avec son propre système de légitimité, démocratique pour l'un, traditionnel pour l'autre. Cette séparation existe dans de très nombreux pays et constitue l'une des bases historiques de la construction du monde moderne occidental.

La liberté de conscience et la liberté des pratiques religieuses sont le deuxième pilier de la laïcité. Le premier article de la loi de 1905 stipule d'emblée que « la République assure la liberté de conscience. Elle garantit le libre exercice des cultes ». Il faut bien comprendre qu'au moment où Aristide Briand, homme politique français qui est à l'origine de cette loi, propose le texte qui est en vigueur aujourd'hui, les tensions sont telles au sein de la société française que l'urgence est à l'apaisement. Dans un pays où le Concordat de 1801 signé entre la France napoléonienne et le Vatican a favorisé les catholiques depuis plus d'un siècle, la laïcité vient garantir à tous les citoyens la pleine liberté de conscience et de religion. L'ensemble des citoyens se voient reconnaître le droit de croire ou de ne pas croire et, le cas échéant, l'assurance de pouvoir pratiquer leur culte sereinement. C'est donc une loi de liberté, une loi des possibles. Autrefois première nation à reconnaître, sous la Révolution, la citoyenneté aux juifs, la France légifère désormais en faveur de la liberté de conscience et de religion.

Enfin, la neutralité de l'État comme garantie de l'égalité des citoyens constitue un troisième pilier, sans doute le plus fondamental. Celui-ci garantit la non-discrimination pour raison religieuse. Non seulement l'État est séparé de l'Église, mais il s'impose aussi pour règle d'être et de rester neutre, c'est-à-dire qu'il « ne reconnaît ni ne subventionne aucun culte ». L'État n'a aucune préférence pour quelque communauté que ce soit. Il faut rappeler que ce principe n'est pas appliqué dans bon nombre de pays pourtant sécularisés. Ainsi, en Allemagne et au Royaume-Uni, par exemple, les différents cultes perçoivent un financement public proportionnel au nombre de pratiquants qui s'en revendiquent. L'État n'y est donc pas neutre, mais fonde sa reconnaissance sur la représentativité nationale des différentes confessions. D'autres pays sécularisés comme les pays d'Amérique du Sud mentionnent une préférence ou une tradition dans leur constitution, comme la constitution argentine qui évoque le catholicisme comme « religion de l'État ». La neutralité absolue de l'État a une conséquence immédiate : l'égalité des citoyens en droit. Aucun citoyen ne peut se revendiquer d'une communauté plus ou moins importante si ce n'est du pur point de vue démographique. Nul ne vaut mieux qu'un autre en raison du culte qu'il pratique. Tous les citoyens sont traités identiquement, indépendamment de leurs convictions personnelles et religieuses. C'est là toute l'originalité française. En Angleterre ou en Allemagne, il n'y a pas de différenciation individuelle sur le plan strictement juridique mais, dans les comportements, l'inverse se produit souvent.

Un nouveau clivage : laïcité et laïcisme

On assiste aujourd'hui à d'importantes divisions dans le « camp laïc ». Les débats sont houleux pour définir le terme, l'approche, le concept, l'origine, les conséquences, l'esprit. Ces ambiguïtés contemporaines peuvent en partie s'expliquer par une fracture plus ancienne, celle qui opposait Aristide Briand et Émile Combes. Face à ce clivage au sein des partisans de la laïcité, une troisième voie conditionne l'émergence du clivage d'origine : le cléricalisme. Une voie qui consiste à défendre le maintien d'un pouvoir du religieux sur la sphère publique et politique.

En 1901, la nouvelle loi sur les associations prévoit une exception sur les congrégations religieuses. Elles doivent être autorisées par les autorités et peuvent être dissoutes par simple décret. Quatre congrégations sur cinq déposent leur demande d'autorisation. Celles qui s'y refusent sont dissoutes. En 1902, cette autorisation préalable pour les congrégations s'applique aussi aux écoles catholiques. La laïcisation prend à ce moment-là la forme d'une véritable marche contre le religieux et la liberté de religion. De fait, une association religieuse n'est pas traitée de la même manière qu'une autre association.

Dans ce contexte, le Bloc des gauches remporte les élections législatives de 1902. Émile Combes est alors chargé de former un nouveau gouvernement. Depuis 1895 lorsqu'il était ministre des Cultes et de l'Instruction publique, celui que l'on surnomme « le petit Père Combes » a entrepris une politique anticléricale en purifiant l'éducation de ses résidus religieux. Émile Combes est un ancien séminariste devenu athée ; il s'affiche désormais comme un adversaire déterminé de la religion, quitte à bousculer le principe même de liberté et de droit d'exercice du culte, prévu par l'article 10 de la Déclaration des droits de l'Homme et du citoyen.

Face à Émile Combes, un pape Pie X intraitable et intransigeant, mais aussi une France divisée dont une bonne part de la tranche chrétienne s'est vigoureusement engagée contre Dreyfus six ans plus tôt. Refusant le compromis avec le cléricalisme dès son investiture, Émile Combes affirme vouloir mener une politique « énergique de la laïcité ». Cette déclaration est suivie d'un durcissement radical. Combes entreprend un combat pour un laïcisme anticlérical et antireligieux. Les trois mille établissements scolaires catholiques n'ayant pas formulé de demande d'autorisation sont immédiatement fermés et toutes les associations entamant la démarche d'autorisation reçoivent systématiquement un refus. En 1903, les congrégations féminines sont rejetées, suivies un an plus tard par les congrégations masculines. Des religieux sont expulsés vers la Belgique ou l'Espagne. Le 7 juillet 1904, les congrégations religieuses sont interdites d'enseignement. Émile Combes entame un processus de laïcisation « complète et totale » de l'enseignement. Les relations avec le Vatican sont rompues.

La France est en état de choc, divisée, scindée, sous tensions. Elle est en proie à un conflit de classe auquel s'ajoute un conflit religieux. La République est fragilisée et l'apaisement devient une urgence absolue.

Une commission parlementaire est mise en place pour travailler à la rédaction d'une nouvelle loi instaurant la séparation entre les Églises et l'État. Celle-ci est présidée par Ferdinand Buisson, président de l'Association nationale des libres penseurs devenue célèbre par le combat de son association membre, la Ligue de l'enseignement, pour un enseignement gratuit et laïc. Proche de Jules Ferry, il est en partie responsable de la diffusion du substantif « laïcité » qui ne naît que par l'adjectif « laïc » dans les lois Ferry de 1882. La laïcité devient une idée ou une valeur à promouvoir pour les uns, un cadre juridique à instaurer pour les autres. Le mot en lui-même n'apparaît dans aucun texte législatif.

Aristide Briand est désigné comme rapporteur de cette commission. Âgé de quarante-trois ans seulement, il est député depuis trois ans. Se définissant lui-même comme « athée mais tolérant », Aristide Briand est un socialiste « modéré » qu'inquiète la trop forte présence de libres penseurs dans la commission. Il entreprend un travail minutieux de consultations et d'études en amont, rencontre les responsables des cultes, réalise une histoire des liens entre les cultes et la France, rédige des études de cas et de situations adaptés aux cultes catholique, protestant et juif. Briand produit aussi une étude comparée avec des législations d'autres pays.

Considéré comme responsable de l'affrontement en cours, le combisme est en train de perdre du crédit. Au sein de la commission Buisson, des personnalités comme Maurice Allard militent pour la destruction complète de l'Église. Face à cela, Buisson et Briand comprennent à quel point il est important de travailler à une loi de conciliation.

Le 24 janvier 1905, Maurice Rouvier remplace Émile Combes à la présidence du Conseil. Dès le 4 mars, Buisson et Briand présentent leur projet de loi. Briand déclare que cette proposition de loi est une réponse intelligente, urgente et indispensable aux difficultés religieuses qui divisent et déchirent la

France depuis près de dix ans. Il demande une « séparation loyale et complète des Églises et de l'État ». Il est persuadé qu'il peut convaincre la droite catholique que cette loi n'est pas hostile à la liberté de religion mais qu'elle la protège au contraire, notamment en « garantissant le libre exercice du culte » dès son premier article. Il espère aussi convaincre la gauche que l'éradication du « bloc romain », cette frange conservatrice et indéfectiblement liée au pape, est un fantasme qui ne pourra être assouvi dans ces termes.

Par son talent d'orateur, de conciliateur et de diplomate, Aristide Briand parvient à convaincre la majorité des députés réunis à l'Assemblée nationale que la séparation est inéluctable. Il modifie l'échiquier politique en brisant un temps le clivage droite-gauche et provoque des débats au sein de chaque famille politique. Commence alors à se dessiner la ligne de clivage entre la philosophie de 1905, c'est-à-dire la philosophie conciliatrice de Briand, et le combisme. Le 3 juillet 1905, après un discours d'une rare qualité mêlant l'esprit de compromis et la fermeté républicaine, Briand fait voter la loi à 341 voix pour et 233 voix contre. Le 6 décembre suivant, le Sénat réaffirme l'adhésion du Parlement au texte avec 181 voix pour et 102 voix contre. La loi est promulguée le 9 décembre, publiée au *Journal officiel* deux jours plus tard et entre en vigueur le 1er janvier 1906.

Pour l'anecdote, Briand sera prix Nobel de la paix en 1926 pour son travail de réconciliation avec l'Allemagne et son homologue outre-Rhin Gustav Stresemann.

La France, meilleur laboratoire pour une coexistence active

Ainsi que nous l'avons vu, la coexistence active ne peut s'incarner que si l'État et ses agents font preuve d'une neutralité totale et réelle. Pour autant, cette neutralité peut-elle garantir à elle seule une égalité incontestable de tous les citoyens devant l'administration dont ils dépendent ? Même si beaucoup de pays

– je pense en particulier à Oman ou la Malaisie – arrivent à mettre en œuvre une certaine cohabitation et une coexistence active entre des populations différentes malgré l'existence d'une religion d'État, *in fine*, le citoyen qui adhère à la religion nationale est privilégié par rapport à ceux qui, autour de lui, ne pratiquent pas le même culte. Cette graduation, même si elle ne se répercute pas dans le droit, est déjà lourde de sens sur le plan symbolique. On comprend en effet qu'une coexistence active appelle d'abord une démocratie effective, sans communauté tirant profit de sa majorité, mais aussi une justice sociale qui soit l'incarnation concrète de l'absence des discriminations. Les discriminations à l'embauche sont au cœur de ce système inégalitaire et elles sont encore trop nombreuses [1].

En dépit de discriminations réelles et persistantes, la France possède un cadre juridique et légal qui peut permettre l'érection d'un véritable modèle. À l'heure où le pays traverse une véritable crise identitaire, une perte de confiance dans son système, un désenchantement quant à son rayonnement, il serait peut-être grand temps d'entreprendre la construction d'un modèle français reposant sur une façon inédite et efficace de faire coexister ou cohabiter des populations aux convictions religieuses et philosophiques très différentes.

Les États-Unis, le Royaume-Uni et l'Allemagne s'accordent pour dire que leurs modèles de multiculturalisme ont échoué au sens où ils devenaient de véritables complices du communautarisme. D'autres pays, comme l'Italie, la Pologne ou l'Autriche se sont laissés tenter, ces dernières années, par des discours

1. *Jeunes issus de l'immigration : quels obstacles à leur insertion économique ?*, note d'analyse de Pierre-Yves Cusset, Hélène Garner, Mohamed Harfi, Frédéric Lainé et David Marguerit pour France Stratégie, mars 2015 (http://www.strategie.gouv.fr/publications/jeunes-issus-de-limmigration-obstacles-insertion-economique, page consultée en août 2015).

populistes et xénophobes. Des pays d'Amérique latine comme l'Argentine, le Brésil ou l'Uruguay sont le cadre d'une très grande diversité culturelle qui tient grâce à l'unité religieuse. Les seuls pays au monde qui tentent aujourd'hui de proposer un autre modèle sont peut-être la Malaisie et Singapour. La Malaisie, avec ses trois tiers de populations – malaise, chinoise, indienne – essaye de promouvoir son programme national « One Malaysia », mais ses efforts sont sabotés par certains gouvernements locaux qui cèdent à des pressions salafistes en interdisant par exemple l'usage de certains mots comme « Allah » aux non-musulmans.

Avec ses dix communautés officielles reconnues par l'État, Singapour semble trouver un équilibre très original. La force de la cité-État réside d'abord dans la toute petite population mais aussi dans l'absence d'un groupe considéré comme « autochtone » ou « majoritaire ». Singapour a aussi su construire l'économie sur la loi du marché. C'est la croissance qui relie des individus très différents dans leurs identités mais tous ancrés dans le capitalisme. Néanmoins, dans la cité-État, la justice sociale est totalement inexistante. Les inégalités sont accrues. La démocratie ne s'y est jamais installée. Là encore, on comprend toute l'importance du lien entre coexistence active, démocratie participative et justice sociale.

Dans ce contexte, la France fait déjà figure d'exception : grande proportion de l'athéisme ou de l'agnosticisme, sécularisation ancienne, idéal républicain, unité linguistique, mais par ailleurs premier pays musulman et premier pays juif d'Europe. Le pays peut donc fournir un cadre propice à l'émergence d'un nouveau modèle.

La première phrase de la Constitution peut nous aider à percevoir quel serait ce modèle. Le préambule indique : « Le peuple français proclame à nouveau que tout être humain, sans distinction de race, de religion ni de croyance, possède des droits inaliénables et sacrés. » L'article premier poursuit : « La France est une République indivisible, laïque, démocratique et sociale. Elle assure l'égalité devant la loi de tous les citoyens sans distinction d'origine, de race ou de religion. Elle respecte toutes les croyances. » Le respect de chacune des croyances ou convictions est donc inscrit dans l'article premier de la constitution française, ce qui semble échapper à de nombreux commentateurs. L'article 2 rappelle en revanche les conditions nécessaires à cette diversité et souligne leur caractère non négociable : « La langue de la République est le français, l'emblème national est le drapeau tricolore, la devise est "Liberté, Égalité, Fraternité", son principe est "gouvernement du peuple, par le peuple, pour le peuple". »

La République n'est pas « une » comme certains le prétendent. On entend parfois poser ce postulat comme une évidence dans le discours politico-médiatique. Or ce n'est pas vrai. La République est certes « indivisible » mais cela ne signifie pas qu'elle soit « une ». Bien au contraire, elle est « plurielle ». S'il fallait militer pour une réforme constitutionnelle afin d'engager un nouveau processus de construction d'un modèle français, il faudrait peut-être proposer la formule suivante, dont la contradiction n'est qu'apparente : « La République est plurielle et indivisible. » Cela reviendrait à inscrire l'un de ces paradoxes fondamentaux jusque dans le texte constitutif de notre pays. Car oui, c'est possible ! Nous pouvons être pluriels et indivisibles. Ce paradoxe, une fois encore, n'est pas une contradiction.

Afin d'atteindre au mieux les objectifs qui sont les nôtres en tant que militants du vivre-ensemble, certains enjeux se jouent au niveau politique. Depuis 2012 et les premières Assises de Coexister, appuyées par la deuxième session en 2015, nous avons mis sur pied un agenda pour notre plaidoyer.

Feuille de route politique pour la décennie à venir

La coexistence active est d'abord une attitude, un regard sur la diversité, une foi dans la diversité qui permet l'unité, une conviction dans l'équilibre entre identité et altérité.

Sur ce terrain, plusieurs combats sont apparus ces dernières années et il faudra les mener à terme. Ils favoriseront l'apparition de conditions favorables à l'épanouissement de ces savoir-être. Néanmoins, de nombreuses initiatives doivent encore être imaginées pour renforcer et prolonger ces combats qui ne peuvent suffire à eux seuls.

Associer laïcité, fraternité et fait religieux pour vivre ensemble

La laïcité doit être un facteur de rassemblement et non d'exclusion. Retrouvons l'esprit de la loi de 1905, qui fêtera son 110e anniversaire le 9 décembre prochain, et profitons de cette occasion pour mieux la faire connaître dans ses dimensions d'origines que l'on oublie trop souvent. Elle est une loi républicaine garantissant la liberté de confession, l'égalité devant l'État de toutes les communautés religieuses, et la fraternité effective des uns et des autres, quelles que soient leurs croyances. L'intuition d'Aristide Briand, c'est l'unité nationale, au-dessus de tout si ce n'est l'indivisibilité de la République. La spiritualité d'Aristide Briand, c'est la fraternité, la conclusion de la devise républicaine. Petite dernière de la devise, et souvent absente du débat politique, la fraternité apporte quelque chose d'extraordinaire au socle de valeurs qui peut servir de base à une France plurielle. La fraternité est d'ailleurs une valeur commune entre la République, les traditions religieuses, les traditions révolutionnaires et les traditions maçonniques. Elle peut servir de pont et elle transcende les clivages. Pour les uns, elle est possible par la filiation à Dieu ; pour les autres, elle est inhérente à la nature humaine. D'autres encore estiment qu'elle résulte d'un projet politique commun : vivre ensemble en France. La fraternité n'est pas la variable d'ajustement des principes laïcs. Elle est intrinsèque à la laïcité par la volonté de garantir la liberté de conscience mais aussi celle de protéger les groupes de convictions même s'ils sont minoritaires, non pas en tant que communautés mais comme un ensemble d'individus libres parce que citoyens.

Au cœur de cet esprit de la laïcité fraternelle, l'association systématique de la laïcité et du fait religieux est primordiale. La laïcité est née de la prise de conscience d'un fait social : les habitants d'un même pays ont des convictions et confessions différentes et, pour permettre l'égalité de tous les habitants, l'État ne doit privilégier aucune d'entre elles. Il n'y a pas de laïcité sans fait religieux comme il ne devrait plus y avoir d'appréhension du fait religieux sans prise en compte de la laïcité. Le lien entre les deux est évident. C'est dans ce contexte que depuis cinq ans en France, de nombreuses initiatives ont vu le jour :

– l'association Enquête, par exemple, promeut la découverte et la compréhension des faits religieux par le jeu pour les enfants. Elle permet une approche laïque de l'enseignement des religions en restant sur le champ du « savoir » et non du « croire » ;

– le site Fait-Religieux.com, qui a récemment fermé, était le premier média à traiter de l'information religieuse interne et externe sans affiliation communautaire avec une approche aconfessionnelle ;

– le centre de recherche CEFRELCO sur la laïcité et le fait religieux étudie le lien entre les deux dans tous les domaines de la société : la jeunesse, l'entreprise, l'école, la rue, l'histoire ;

– l'Institut européen en sciences des religions (IESR), créé après le rapport Debray sur le fait religieux et la laïcité, continue de former des enseignants à la connaissance des faits religieux transdisciplinaires ;

– le programme de formation Agapan crée au Collège des Bernardins permet de transmettre des connaissances en *e-learning* pour des étudiants qui se spécialisent ou des professionnels confrontés à la question ;

– le centre de formation de l'Institut des hautes études du monde religieux (IHEMR) propose aux dirigeants d'entreprises de comprendre le monde dans lequel ils vivent ;

– le fonds de dotation Grandir Ensemble veut quant à lui former, accompagner ou encore incuber des projets qui favorisent le lien social en traitant du fait religieux.

Toutes ces organisations, nouvelles ou anciennes, doivent porter un message commun. Il faut faire entendre et comprendre que la laïcité et les faits religieux pensés ensemble sont créateurs de liens sociaux. C'est lorsqu'ils sont séparés qu'ils créent de l'intégrisme. Cet intégrisme peut être religieux comme anti-religieux.

Il en va de la responsabilité du monde politique et médiatique, mais également des citoyens eux-mêmes, d'opérer un changement culturel et de ne pas céder trop facilement soit à une volonté d'éradiquer toute expression publique de la religion soit d'ignorer le cadre laïc de la République en pensant sa communauté comme une société.

Lutter contre tous les préjugés et toutes les haines

Il est temps de renforcer la lutte contre toutes les formes de racisme, qui sont bien souvent des attaques portées à la liberté de religion des individus. L'attentat de l'Hypercacher de janvier 2015, qui découle d'abord d'une haine raciale, remet aussi en cause la liberté d'exercer le culte juif, proclamée par la législation française en 1789. La violence portée contre une communauté constitue également une attaque au fait religieux. Une récente étude de France Stratégie montre d'ailleurs à quel point le fait religieux constitue un facteur discriminant dans de nombreux domaines. Les chiffres sont accablants, que ce soit au niveau de l'embauche ou de l'image renvoyée dans les médias et dans la société[1]. Il faut prendre à bras-le-corps tous les phénomènes de rejet et les traiter ensemble. C'est déjà ce qu'essaye de faire la Délégation interministérielle à la lutte contre le racisme et l'antisémitisme (DILCRA) mais son action, qui hiérarchise la gravité des différents types de racismes, semble insuffisante. Il ne s'agit pas de compter le nombre de victimes pour en déduire que l'antisémitisme est un problème plus grave que celui de l'islamophobie. Les deux phénomènes portent en eux des germes de haines qui peuvent avoir des conséquences dramatiques. Dans la foulée des attentats de janvier, une centaine de lieux de cultes musulmans ont été incendiés ou attaqués à l'arme lourde. Cela représente une double peine pour les Français musulmans qui d'une part sont assimilés à des terroristes qui n'ont d'islamiques que l'adjectif, et de l'autre subissent une vague d'attaques qui n'ont miraculeusement pas été meurtrières. Faudra-t-il attendre un massacre pour provoquer un réel sursaut ? Des Français sont menacés régulièrement parce qu'ils sont juifs ou musulmans. Ces menaces sont réelles et il conviendrait de les prendre très au sérieux.

Par ailleurs, de nombreux programmes existent pour déconstruire les préjugés. Il faut souligner et valoriser ceux qui s'emploient à ne pas différencier ou hiérarchiser la gravité des préjugés et qui s'y attaquent de manière globale. C'est le cas du programme Coexist piloté par SOS racisme et l'Union des étudiants juifs de France (UEJF) comme du programme de sensibilisation de Coexister. Il faut systématiser l'association des luttes

1. Synthèse du cycle « Fractures, Identités, Mixités » organisé par France Stratégie, juillet 2015 (http://www.strategie.gouv.fr/actualites/synthese-cycle-fractures-identites-mixites, page consultée en août 2015).

contre les préjugés en refusant de traiter les racismes indépendamment les uns des autres. Les phénomènes de haines et de rejets sont d'une gravité analogue.

Enfin, pour éviter une concurrence mémorielle à propos des drames dont les uns et les autres ont été les victimes à travers l'histoire, il faut promouvoir un dialogue des mémoires. Les trois communautés religieuses monothéistes ont subi dans divers lieux durant le siècle dernier des tentatives d'éliminations : les chrétiens en Arménie en 1915, les juifs en Europe pendant la Shoah et les musulmans en Bosnie entre 1992 et 1995. Ces drames font partie intégrante des mémoires collectives et le souvenir des victimes est encore trop souvent célébré séparément. Au contraire de cette tendance, il faut ainsi saluer l'immense travail mené par le Mémorial de la Shoah qui a pris très au sérieux le fait de contribuer à la mémoire des autres génocides à travers l'histoire. On y trouve des informations et des expositions aussi bien sur l'Arménie, le Rwanda, le Cambodge que la Bosnie.

Alors que 2015 marque l'anniversaire de la libération d'Auschwitz, celui du génocide arménien et celui du massacre de Srebrenica, trop de leaders d'opinions ne se sont exprimés que sur l'un ou l'autre de ces drames. Participer à l'exclusion et la séparation des mémoires est proprement irresponsable de la part d'une personnalité publique. Choisir de célébrer le souvenir de l'un de ces événements et pas de l'autre est tout simplement délétère. Les victimes doivent être traitées de manière égale dans leur dignité : leur nombre ou le type de sévices qu'elles ont subis n'influencent en rien le degré de gravité des drames évoqués qui avaient pour but d'anéantir un groupe en raison de ses origines et de sa confession.

Le Talmud comme le Coran nous enseignent ce même principe : « Qui tue un homme tue l'humanité tout entière.

Qui sauve un homme sauve l'humanité toute entière. » L'histoire de chaque génocide doit être enseignée, expliquée et transmise aux élèves pour ne jamais être oubliée, mais aussi pour permettre une prise de conscience de notre responsabilité collective en tant que membres d'une même société.

Instaurer un enseignement laïc du fait religieux

La plupart des pays d'Europe enseignent le fait religieux à l'école (qui peut prendre la forme d'une histoire des religions, d'une sociologie ou même d'une présentation des codes, des rites et des cultes) mais pas la France. Pourquoi cette triste exception ? Si certains pays se contentent de proposer un enseignement de la religion propre à l'enfant, d'autres, comme l'Autriche, proposent un tronc commun multi-religieux obligatoire pendant toute la scolarité. L'enseignement de l'éducation civique, par exemple, favorise la compréhension du paysage politique dans son ensemble mais ne fait pas pour autant la promotion d'une idéologie quelconque. On peut tout à fait expliquer le fonctionnement de la démocratie sans pour autant exprimer une conviction plutôt libérale ou plutôt socialiste. Il est tout à fait possible d'en faire autant avec le fait religieux. On peut transmettre un savoir sans influencer le croire.

L'éducation est la solution à beaucoup de problèmes. Elle intervient en amont, protège contre les préjugés, et transmet une connaissance du religieux. Enseigner les religions dans le cadre d'une discipline à part entière permettrait aux jeunes de comprendre le monde dans lequel ils vivent en leur donnant les clés de l'histoire, de la pratique, des codes et des cultes de chacune des religions. Il ne s'agit pas d'instaurer un catéchisme obligatoire mais bien d'expliquer le réel en partant de ce que les jeunes voient au quotidien. L'enseignement du fait religieux est d'autant plus envisageable qu'il peut se fondre dans un enseignement plus global de l'histoire des courants de pensées et des philosophies.

L'actuel « enseignement laïc du fait religieux » est déjà une bonne chose. Il va dans le sens de la prise en compte de cette dimension dans la transmission du savoir. Néanmoins, sa transmission transversale dans toutes les matières le rend caduc, compliqué et inaccessible. La formation spécifique à cette matière permettrait également d'évacuer les craintes, chez certains enseignants, de réactions hostiles de la part des familles. L'Éducation nationale devrait y consacrer une matière à part entière. Seule l'éducation permettra de remettre le fait religieux sur le champ des sciences et de la critique plutôt que sur celui du dogme et de l'intégrisme. Les rapports Debray[1] en février 2002 et Benbassa-Lecref[2] en novembre 2014 allaient tous les deux dans ce sens.

Dix conseils pour favoriser la cohésion et l'unité au quotidien

Beaucoup de personnes, sans forcément vouloir rejoindre un mouvement ou une association, sont prêtes à contribuer au vivre-ensemble à leur échelle. Sans adhérer à une structure spécialisée dans la construction du lien social, il est possible de développer une responsabilité de chaque instant. À partir des fondements de la coexistence active évoqués précédemment, je propose dix conseils pratiques et opérationnels pour favoriser de manière quotidienne le respect de l'autre.

1. « L'enseignement du fait religieux dans l'école laïque », rapport remis au ministre de l'Éducation nationale (http://www.education.gouv.fr/cid2025/l-enseignement-du-fait-religieux-dans-l-ecole-laique.html, page consultée en août 2015).
2. « La lutte contre les discriminations : de l'incantation à l'action », rapport d'information réalisé par Esther Benbassa et Jean-René Lecref (http://www.senat.fr/notice-rapport/2014/r14-094-notice.html, page consultée en août 2015).

Parler aux autres plutôt que parler des autres pour nouer des amitiés

À chaque fois que nous parlons « des juifs », « des musulmans » ou « des chrétiens », ayons l'honnêteté de nous demander si nous aurions le même discours en leur présence. Plutôt que de parler des autres en leur absence, essayons d'entretenir avec eux un dialogue qui permettra de répondre à nos peurs ou nos questions. Notre travail et nos loisirs nous donnent l'occasion de côtoyer des personnes qui ne partagent pas nos convictions religieuses : profitons-en pour exprimer nos questionnements en prenant soin toutefois de ne pas entamer le dialogue par des sujets trop sensibles et délicats. Gardons-nous des regards et des discours accusateurs, qui empêchent tout débat constructif. Si des questions sensibles viennent en nous, gardons-les pour plus tard. L'amitié saura être un cadre propice aux questions compliquées. Rencontrer pour dialoguer puis devenir amis est sans aucun doute la meilleure garantie d'une unité réelle à tous les niveaux de la société.

Animer des communautés ouvertes

Faire partie d'une communauté religieuse n'implique pas forcément de céder au communautarisme. Une communauté d'appartenance ou de pratique peut être un formidable lieu de vie et de rencontres si elle est ouverte aux autres. Si la fréquentation régulière de notre communauté religieuse permet de consolider notre identité, elle ne doit pas nous fermer aux autres. Pourquoi ne pas profiter des temps forts de notre vie religieuse et des moments de fêtes pour inviter nos voisins même s'ils ne partagent pas notre conviction ? La fête de Souccot (ou fête des cabanes) chez les juifs, qui célèbre tous les ans les récoltes fructueuses au cours de l'Exode, est un bel exemple de partage convivial. Durant cet événement, les juifs invitent leurs voisins, leurs amis et leurs connaissances à venir partager un repas avec eux sous la *soukka* (« cabane », en hébreu), construite pour l'occasion et dont il est coutume de laisser un des quatre murs ouvert sur l'extérieur. À l'image de cette belle fête, il est possible pour ceux qui s'y reconnaissent d'ouvrir les portes de leurs communautés de façon à ce que celles-ci ne se transforment pas en forteresses.

Entretenir la « chasteté »

La rencontre interreligieuse gagnerait à être plus « chaste », au sens premier du terme. La chasteté c'est, selon le *Larousse*, « le fait de faire preuve de retenue ». Sachons faire preuve de retenue vis-à-vis des personnes qui ne partagent pas nos convictions religieuses, et ce, sur deux niveaux. D'abord au niveau de notre conception de Dieu. Un croyant doit savoir que Dieu ne lui appartient pas, qu'il ne peut mettre la main dessus. Ismaël, un ami musulman, disait à ce propos : « Dieu n'est pas une acquisition. Il n'est pas quelque chose que l'on possède. » De la même façon, la vérité n'est pas un bien dont les athées auraient la propriété. Maintenir cette distance avec la vérité invite à l'humilité. Certains entretiennent un rapport possessif avec Dieu ou la vérité comme ceux qui adorent leur religion ou leur idée davantage que Dieu ou la vérité elle-même. Claudio Monge, un jésuite qui vit à Istanbul, disait : « N'ayons pas peur des musulmans qui adorent Dieu. Ayons peur des fanatiques qui adorent l'islam. » En adorant sa propre religion, on entre dans un rapport égocentrique avec sa propre conviction et l'on tombe dans l'illusion d'une vérité que l'on possède au détriment de l'essentiel : la foi et la spiritualité.

Développer une activité numérique responsable

Nous sommes responsables de ce que nous partageons sur nos murs et profils facebook ou twitter. La responsabilité numérique est une vraie question à l'heure où la haine raciale et interreligieuse utilise Internet comme un véritable outil de diffusion. Pour preuve : 98 % des jeunes qui partent faire le djihad en Syrie sont recrutés sur le Web. Nos profils sont de véritables médias auxquels nos amis, nos contacts et nos relations ont accès. Plus notre visibilité sur la toile est grande, plus nous contribuons à diffuser notre propre vision du monde à ceux qui nous entourent, et plus nous nous érigeons en leaders d'opinion. En focalisant notre activité numérique (partage d'articles, de vidéos, d'informations) sur les seules préoccupations propres à notre confession, nous contribuons à nous isoler dans une sorte de « cyber-communautarisme ». Une personne de confession juive n'est pas obligée de ne partager que des articles sur la mémoire de la Shoah, Israël et les fêtes juives ; une personne de confession musulmane sur le massacre de Srebrenica, les préceptes de l'islam et le massacre de Rohyngas ; une personne de confession chrétienne sur le mariage pour tous et les massacres de chrétiens en Syrie. Développer une responsabilité numérique, c'est aussi élargir le champ de ses combats et de ses préoccupations. Je pense en particulier à un juif qui partage un article sur la mémoire de Srebrenica, un musulman qui tweet sur l'exode des chrétiens d'Orient ou un chrétien qui commémore à sa façon les soixante-dix ans d'Auschwitz. Le souci des autres se joue aussi sur Internet.

Apprendre l'empathie et l'écoute de l'autre pour sortir de l'enfermement identitaire

Des juifs qui s'offusquent d'un mot sur la Palestine dans la bouche du chef de l'État, des musulmans qui demandent que l'on parle des Rohyngas persécutés en Birmanie, des chrétiens qui s'inquiètent de voir les églises désertées. Pour comprendre les réactions parfois vives des diverses communautés religieuses face à certains sujets d'actualité, essayons de développer notre empathie et notre appréhension de l'histoire de l'autre. Imaginons ce que cela veut dire d'avoir été persécuté pendant deux mille ans dans tous les pays du monde et d'avoir une terre au bout de la Méditerranée menacée par tous les pays voisins. Imaginons ce que cela veut dire d'être le fils ou le petit-fils d'un homme ou d'une femme qui a quitté son pays dans la détresse pour rejoindre une France métropolitaine qui nous considère encore comme un étranger. Imaginons ce que cela veut dire d'être le croyant d'une religion dont la pratique est en baisse en France au point d'abandonner des lieux de culte qui ont pourtant une valeur sentimentale pour les pratiquants de cette religion. L'empathie est une valeur fondamentale pour essayer d'imaginer ce que d'autres peuvent ressentir. Quand elle est fructueuse, elle permet alors de comprendre les préoccupations propres à chacun. Ces singularités comprises favorisent l'émergence d'un commun et d'une histoire commune. L'empathie ne tombe pas du ciel, elle s'entretient et s'alimente des témoignages directs qui nous sont donnés à entendre ou à lire. Avec le développement considérable d'Internet, des témoignages en tout genre sont désormais accessibles à tout moment. Les musées, les expositions, les films, les documentaires, etc., se font aussi les relais de cette parole de l'autre qui nous aide à mieux le comprendre. Nous avons la responsabilité de ne pas fuir les sujets qui nous mettent mal à l'aise. Plutôt que d'acheter un livre ou un journal dont on sait que le contenu est proche de nos convictions, essayons de nous ouvrir à un autre regard. On peut beaucoup apprendre de la vie des musulmans de France en lisant *Saphir News*, de même de la vie des chrétiens avec *La Croix* ou des juifs avec *Tribune juive*. Même si les expériences qui y sont relatées nous indisposent, elles sont réelles, palpables et nous aident à adopter un autre angle d'analyse du monde qui nous entoure.

*Changer notre regard en développant l'*a priori *favorable*

Trop souvent, nous nous agrippons à certains de nos préjugés tant que l'on ne nous apporte pas la preuve irréfutable de leur fausseté. Essayons de faire l'inverse : partons du principe que l'autre a toujours une bonne de raison d'agir comme il le fait jusqu'à preuve du contraire. C'est tout le cœur de la bienveillance. La bienveillance ne consiste pas à voir naïvement le bien partout, elle n'empêche pas la lucidité. Simplement, elle nous invite à adopter un *a priori* favorable : tant que nous n'avons pas de preuve que l'autre agit avec de mauvaises intentions, nous devons nous empêcher de le penser. Nos suppositions, hypothèses, probabilités et parfois même nos certitudes, sont véritablement dangereuses pour le vivre-ensemble. Elles provoquent des rumeurs et des bruits de couloirs qui font siffler les oreilles des absents. Comme le disait le pape François cette année : « Il vaudrait mieux se mordre la langue et la couper plutôt que d'ouvrir la bouche pour parler sournoisement de quelqu'un en son absence. » Quand nous ressentons une intuition négative à l'égard des autres, prenons le temps d'aller chercher l'information à la source. Cessons de prêter de mauvaises intentions à quelqu'un sous prétexte qu'il est musulman, juif, chrétien ou athée. La bienveillance dans le regard est en premier lieu libératrice pour celui qui regarde. Avec un regard positif, on chasse la peur et l'angoisse qui interprètent toutes les situations à notre détriment. Le sentiment d'insécurité culturelle en particulier nait souvent d'un regard négatif sur tout ce qui est étranger ou nouveau. Beaucoup de peurs et de phobies se dissipent par une transformation du regard. Un proverbe tibétain raconte : « Un jour, en marchant dans la montagne, au loin très loin j'aperçus une bête. En m'approchant, je me suis rendu compte que c'était un homme. En arrivant tout près de lui, j'ai vu que c'était mon frère. »

Discerner ce qui relève de l'analyse et ce qui relève de l'opinion

Lorsque l'on cherche une information, nous avons le réflexe tout à fait logique de nous tourner vers les médias auxquels nous sommes habitués. Je ne dirai pas le contraire : lire son canard préféré le matin chez soi ou au café est un plaisir qui ne se refuse pas. Je pense néanmoins que nous devons nous efforcer de varier nos lectures et nos sources d'information. Il est évident que l'objectivité totale du journaliste n'existe pas. Les quotidiens donnent ensemble une information complexe et nuancée, ce qui n'est pas forcément le cas lorsqu'ils sont lus indépendamment. Lire des articles de fond rédigés par des universitaires ou des spécialistes (régulièrement invités à apporter leur analyse dans des journaux comme *Le Monde diplomatique*) permet de compléter ou de nuancer le travail des journalistes. Lire des articles de l'étranger, comme nous y invite par exemple *Le Courrier international* ou la presse francophone libanaise, algérienne ou burkinabé, est aussi une très bonne façon de se documenter sur le regard des autres. Il est un peu facile d'accuser les journalistes et les médias d'être responsables des maux qui s'abattent sur notre société. Ceux-ci ne font souvent qu'écrire ce que nous avons envie de lire. Ils sont en quelque sorte un miroir de la société et de ses fantasmes. C'est à chacun de nous que revient la responsabilité de diversifier nos sources d'information pour connaître d'autres points de vue, les confronter et exercer ainsi notre esprit critique.

Donner la priorité à nos bonnes relations de voisinage

Forts de l'empathie et d'une information plurielle, n'oublions pas que c'est dans notre entourage proche que nous pouvons d'abord agir pour le vivre-ensemble. J'entends souvent les militants du droit au logement dire qu'il est tout aussi important d'aider le sans-abri en bas de chez nous que les victimes d'un séisme au Népal. De la même façon, les actions à l'échelle locale peuvent favoriser la cohésion interreligieuse. La fête des voisins est en ce sens une excellente initiative pour créer du lien avec ceux qui ne partagent pas nos convictions religieuses. Cette occasion nous permet de rencontrer les familles que nous avons l'habitude de voir rentrer de la messe le dimanche, participer à des réunions associatives ou syndicales, aller à la mosquée le vendredi, ou mettre des *mezouzah* sur leur porte. Profitons de la fête des voisins pour faire sortir la religion et les convictions de la sphère privée et en parler simplement dans l'espace public en entamant la conversation par une interrogation sincère : « J'ai vu qu'il y avait un bâton sur votre porte avec des lettres en hébreu mais à quoi cela sert au juste ? » Dans la majorité des cas, notre interlocuteur sera heureux d'expliquer l'origine et le sens de la *mezouzah*. De même, si nos enfants sont à l'école publique, nous pouvons entretenir des liens avec des parents du quartier. Si les enfants se connaissent et se côtoient dès le plus jeune âge, ils résisteront d'autant mieux aux préjugés qu'ils entendront plus tard.

Manger, bouger ensemble pour créer des liens

Rien de tel qu'un bon repas partagé et un bon moment passé tous ensemble pour créer des liens durables. Le temps du repas, la découverte de spécialités culinaires multiples, la chaleur de l'hospitalité sont autant de facilitateurs de cohésion. Une fois par an en Suède, les citoyens musulmans invitent leurs voisins à venir prendre le thé chez eux. C'est un moyen intelligent de briser la glace qui commençait à s'ériger entre les musulmans et les autres à cause du retour de certains discours nationalistes sur la scène politique. Manger permet de passer un moment ensemble au-delà d'un échange de tweet ou d'une altercation médiatique. C'est d'autant plus vrai pour un voyage. Se déplacer ensemble permet aussi de faire bouger ses frontières intérieures.

Nous construisons parfois des lignes ou des clôtures dans notre esprit. Le voyage permet de faire tomber les murs et de construire des ponts. « Il est plus facile à l'homme de fissurer l'atome que de faire tomber le mur des préjugés », disait Einstein qui a passé sa vie à essayer de scinder la matière atomique. Se déplacer physiquement n'implique pas nécessairement de se déplacer intellectuellement, encore faut-il vouloir être en mouvement. Dans la rencontre, pour vivre avec l'autre, le mouvement perpétuel est peut-être l'un des secrets de la « paix perpétuelle ».

Refuser d'essentialiser les groupes d'identité

De tous les conseils pratiques et opérationnels que je pourrais donner, celui-ci est sans aucun doute le plus important. J'entends la plupart des chrétiens vivant en pays musulman dire et redire : « L'islam n'existe pas. » Il n'y pas un islam mais plusieurs. C'est vrai aussi pour les autres religions. Aucune communauté de conviction n'est réductible à un livre, un principe, une attitude. Chaque communauté est composée d'une diversité inouïe de pratiques, d'interprétations, d'origines culturelles, de langues, de visions du monde, de milieux sociaux, etc. Ce n'est pas parce qu'un musulman dit agir au nom de l'islam que les autres musulmans adapteront leur comportement au sien. Savons-nous que les juifs ironisent souvent en disant « deux juifs, trois opinions et quatre synagogues », que des penseurs musulmans répètent que « chaque musulman est à lui-même son propre évêque » ou que les chrétiens se moquent des querelles « entre jésuites et dominicains » ? Les communautés de religion et de conviction ne sont pas essentielles, elles sont existentielles. Nous devons refuser les généralités de types « l'islam ceci ou l'islam cela » ou « les juifs sont comme ci et comme ça ». La généralisation est probablement le grand péché capital de la paix interreligieuse et de la coexistence active.

ÉPILOGUE

Seule l'amitié restera

De toutes les leçons que j'ai tirées de mes sept années d'engagement au sein de Coexister, je crois que la plus fondamentale réside dans le fait qu'il n'existe pas de relations fécondes sans amitié. Elle est la seule finalité durable de ce que nous entreprenons pour créer du lien social. Depuis janvier 2009, on estime qu'environ 3 000 jeunes ont vécu, par le biais de Coexister, une expérience de coexistence active à travers divers débats et rencontres. 600 d'entre eux ont déjà bénéficié d'une formation dans ce domaine. Ces expériences sont extrêmement variables en durée et en nature. Certains ont consacré des jours et des nuits de travail à créer, organiser et promouvoir des activités de différentes natures mais qui ont toutes en commun de favoriser la cohésion sociale. Parmi ces expériences, le souvenir d'un débat ou d'une idée ne saura remplacer l'expérience réelle et personnelle d'une amitié singulière nouée avec l'autre !

Comme dans beaucoup d'organisations, le militantisme fatigue parfois davantage qu'il n'enrichit, du moins en apparence. Il donne souvent lieu à des excès, dans l'investissement et dans l'engagement. Je vois parfois des jeunes tellement vidés par une énergie qu'ils ont donnée et dépensée sans limites, qu'ils ne peuvent plus voir les fruits de leur travail. Il faut admettre que l'actualité en France, la haine déversée sur les réseaux sociaux, les attentats terroristes, la montée de l'antisémitisme et de l'islamophobie, la construction du discours délétère nous font parfois interroger le bien-fondé de nos valeurs collectives...

Néanmoins, quand nous échangeons avec un jeune qui a eu la possibilité de faire l'expérience de cette coexistence active, il évoque systématiquement une amitié qui n'aurait pas pu naître en dehors de ce cadre. Comment un jeune juif trentenaire, docteur en sociologie, issu d'une famille tunisienne aisée pouvait-il nouer un lien singulier avec une jeune musulmane diplômée de comptabilité issue d'une famille malienne ? Malheureusement, et je le regrette, le monde d'aujourd'hui ne permet pas de nouer naturellement ce type de rencontres. C'est là tout l'intérêt d'une entreprise comme la nôtre. Je pense à Marie et Belsame, à Delphine et Radia, à Samir et Lucie... Tous ces duos improbables que la coexistence active a rendu possibles. Ces amitiés, ces liens particuliers et ces complicités constituent le ciment du monde que nous voulons construire. C'est en multipliant ce type de relations « transfrontalières » que nous posons une pierre à l'édifice. Dans leur vie à venir, tous ces jeunes pourront compter dans leur entourage un ami profondément différent, barrant ainsi la route aux préjugés. Ces hommes, ces femmes, ceux qui créent du lien parce qu'ils en connaissent les joies et le sens, ont toujours été les premières cibles des extrémistes. Ils incarnent le contraire du message fondamentaliste. Ils prouvent par leur vécu que le véritable ennemi n'est jamais l'autre, mais la haine qui peut nous séparer de l'autre. La haine devient notre ennemi commun. Des couples hutu-tutsi dans le Rwanda de 1994 aux groupes turco-arméniens, en passant par des Serbes défendant des Bosniaques et les associations islamo-chrétiennes au Liban, des millions de « passerelles humaines » ont toujours été prises pour premières cibles dans les persécutions et les humiliations. En Syrie, Daesh s'attaque violemment aux symboles de l'amitié islamo-chrétienne propre au monde arabe... Voilà pourquoi ces amitiés, ces couples mixtes, ces relations inattendues sont des témoignages précieux qui peuvent devenir contagieux et subversifs si nous les faisons connaître. Garder à l'esprit que l'amitié est le seul trésor qui reste avec l'engagement me paraît primordial.

Simples, concrets et vrais

À mon retour de l'InterFaith Tour, j'ai tenté de porter un regard sur les 435 initiatives interreligieuses dont nous avons rencontré les initiateurs afin d'échanger sur la portée de leurs actions. En y réfléchissant de plus près, j'ai compris aussi que les initiatives les plus importantes et les plus durables étaient celles qui contenaient une sorte de feuille de route implicite. Celles-ci étaient simples, concrètes et vraies. La simplicité, l'utilité et l'authenticité sont bel et bien les trois critères majeurs caractérisant les coopérations interreligieuses dont j'ai pu voir les fruits sur le terrain.

La simplicité permet de ne pas voir trop grand, de ne pas viser un objectif qui se situe au-delà de nos forces. Elle impose de faire ce qu'il est possible de réaliser à notre mesure, considérant que c'est déjà beaucoup. Il faut « se concentrer sur les gouttes d'eau et tirer un trait sur l'océan[1]. » L'utilité et le caractère concret des initiatives permettent de les rendre tangibles, palpables et visibles. L'utilité protège de l'incantation ou des vertiges des seules idées qui parfois nous entraînent vers des chimères. L'authenticité de ces rencontres, la vérité de ce qui s'y vit, sont infiniment plus importantes que la publicité qu'on en fait. Je ne peux pas nier qu'un article sur une chorale judéo-musulmane aura un certain impact dans la société. Mais cette chorale ne sera vraiment durable et pertinente que si ses participants se sentent peu à peu portés par cet esprit d'unité qui rend la création possible. La réalité du lien libérant qui se noue au sein d'une initiative regroupant des personnes de convictions et de religions différentes contient une force symbolique plus puissante que n'importe quelle campagne de communication incantatoire sur le vivre-ensemble.

1. Paroles du groupe de rap français Milk Coffee Sugar.

Nous sommes donc je suis

Il existe aujourd'hui des modes de coopération, des idées et des expériences qui vont tout à fait dans le sens de ce que nous croyons et vivons. Je pense évidemment en premier lieu à l'expérience de la fondation Adyan au Liban dont j'ai cité les fondateurs au chapitre 2. La solidarité spirituelle, comme ils l'appellent, repose sur la reconnaissance de l'authenticité de l'expérience spirituelle de l'autre. Si j'admire cette attitude, je dois admettre qu'elle s'insère plus difficilement dans une société laïque et sécularisée comme la France. Pour autant, il est possible d'en tirer des enseignements. Je pense aussi au métissage dont l'île de la Réunion est en France la plus grande incarnation. La créolité est un arbre à plusieurs racines. C'est la multiplication des origines et l'alliance des identités entre elles qui créent le métissage. Pour autant, ce dernier n'est pas synonyme de syncrétisme. Le métissage non seulement préserve mais est susceptible d'enrichir la pluralité des identités qui composent la personne. Elle ne les anéantit pas pour en créer une troisième.

Je pense aussi à la philosophie de Mandela en Afrique du Sud et à l'éthique de l'Ubuntu qui enseigne cette parole : « Nous sommes dans les Autres » ou, exprimée différemment : « Nous sommes donc je suis. » L'essentiel de la pensée traditionnelle de l'Ubuntu réside dans le refus de considérer que l'individu est le fruit de lui-même. Il est au contraire le résultat d'un environnement global dans lequel l'altérité est essentielle à l'identité. L'une n'existe pas sans l'autre. La coexistence active adhère profondément à ce postulat : l'unité a besoin de la diversité pour s'épanouir. L'Ubuntu est une condamnation radicale de l'égoïsme, du nationalisme, du narcissisme individuel ou collectif et du prosélytisme. L'Ubuntu proclame que nous sommes ce que nous sommes grâce à ce que les autres sont. Finalement, l'Ubuntu est un humanisme fraternel qui permet à chaque homme de devenir ce qu'il veut être, tout en le dissuadant de le faire sans les autres. L'éthique de l'Ubuntu enseigne qu'on ne peut se comprendre soi-même sans comprendre l'autre. « Quelqu'un d'Ubuntu est ouvert et disponible pour les autres car il a conscience d'appartenir à une communauté d'hommes plus grande que lui », disait Mandela.

Pourquoi vivre ensemble ?

La question était posée dès l'introduction de cet ouvrage : voulons-nous, ou non, vivre ensemble ? Puisque ma réponse est très clairement positive, il s'agissait pour moi de répondre à la question plus précise du « comment vivre ensemble ». Principes, valeurs, méthodes, idées, conseils pratiques, savoir-être... J'ai tenté de déployer une palette de possibilités, de proposer des *modus vivendi* pour un nouveau vivre-ensemble que nous appelons la coexistence active.

Reste une question plus complexe : « Pourquoi vivre ensemble ? » Même si je persiste à croire que cette interrogation est *in fine* sans réponse, nous pouvons nous risquer à l'exercice. Se contenter de dire que cela « rend heureux » ou que cela « fait grandir » ne me satisfait pas. Il y a trop de cœurs blessés et aigris qui ne trouveront aucun remède dans le vivre-ensemble. La réponse qui consiste à présenter le sens de l'histoire comme une marche vers l'harmonie ne me convainc pas non plus. Il n'y a pas de sens prédéterminé à la marche du monde, laquelle dépend en définitive de choix humains même si agissent en leur sein de puissants intérêts souvent en conflit, des données complexes qu'il serait dangereux de nier. La complexité du monde dans lequel nous vivons nous contraint fort heureusement à rejeter toute valeur absolue. La réponse qui consiste à dire que « nous n'avons pas le choix » ne me satisfait pas davantage. Il y a évidemment une nécessité du vivre-ensemble et j'en ai présenté les termes en reprenant les principes de Martin Luther King.

Cette nécessité ne s'impose pourtant pas d'elle-même et nous pouvons choisir de nous opposer à ce dessein. Nous avons le choix de détruire l'humanité et son environnement. Le libre-arbitre de l'homme est ce qui a permis les plus grands massacres de l'histoire. La capacité de choisir le pire comme le meilleur : c'est là toute la tragique puissance de l'être humain. Et c'est peut-être d'ailleurs l'un des plus beaux mystères anthropologiques. Le libre-arbitre de l'homme est d'autant plus fascinant qu'il lui laisse le choix entre la guerre de tous contre tous et la construction de liens fraternels par le « faire-ensemble ». Le choix de la fraternité ne dissout pas les identités, mais les augmente, les élargit. L'autre nous altère, c'est-à-dire – et c'est un paradoxe – qu'il nous blesse et nous enrichit en même temps, nous rend « manquants », « en quête ». Il nous reconnaît à la fois comme irremplaçable, singulier et incomplet. Alors finalement, pourquoi vivre ensemble ? Parce que nous avons le choix.

BIOGRAPHIE DE L'AUTEUR

Samuel Grzybowski, 23 ans, est un militant associatif et entrepreneur social impliqué sur les questions de vivre-ensemble et de cohésion sociale.

Sensible depuis longtemps aux questions interreligieuses, il y a été confronté dès son plus jeune âge, notamment après avoir fréquenté une école interreligieuse. En janvier 2009, au cœur des tensions consécutives à l'importation du conflit israélo-palestinien, il fonde un groupe, Coexister, avec des jeunes juifs, chrétiens, musulmans et athées. Ensemble, ils organisent une collecte de sang pour la paix. Élu président de la jeune association en octobre 2009, il accompagne sa croissance jusqu'à son départ en octobre 2015. En avril 2012, Coexister devient le mouvement interreligieux des jeunes. De juillet 2013 à avril 2014, il part avec l'InterFaith Tour faire le tour du monde à la recherche des initiatives interreligieuses, avec quatre camarades de différentes religions, dans plus de quarante pays. En mars 2015, le mouvement est primé par la présidence de la République en obtenant le label du programme La France s'engage. Coexister est présent dans 30 villes en France avec 2 000 adhérents, 600 bénévoles, 35 volontaires en service civique et 7 salariés. Après son départ de Coexister France, Samuel continue d'assurer la coordination européenne du *European Interfaith Youth Movement* (Coexister Europe) en France, Belgique, Suisse, Angleterre, Allemagne.

Ouvrage individuel

Tous les chemins mènent à l'autre, Ivry-sur-Seine, Éditions de l'Atelier, 2015.

Ouvrages collectifs

Jean-Louis Bianco, Lylia Bouzar, Samuel Grzybowski, *L'Après-Charlie*, Ivry-sur-Seine, Éditions de l'Atelier, 2015.

Arnaud Alibert, Inés Azaïs, Samuel Grzybowski, *Vatican 2.0*, Paris, Bayard, 2012.

Contributions

Kamel Meziti, *Dictionnaire de l'islamophobie*, Paris, Bayard, 2013.

Jean-Luc Castel et Vincent Pilley, *Contribuer au bien vivre ensemble*, Paris, L'Harmattan, 2012.

Rami Selinger, *Chirurgiens dans un monde qui opère l'image*, SOFCEP, 2011.

BIBLIOGRAPHIE

Les incontournables

Christian Delorme, *L'islam que j'aime, l'islam qui m'inquiète*, Paris, Bayard, 2012.

Dennis Gira, *Le dialogue à la portée de tous (ou presque)*, Paris, Bayard, 2012.

Amin Maalouf, *Les Identités meurtrières*, Paris, Le Livre de poche, 2001.

Edwy Plenel, *Pour les musulmans*, Paris, La Découverte, 2014.

Christophe Roucou, Tareq Oubrou, *Le prêtre et l'imam*, Paris, Bayard, 2013.

Ouvrages sur la laïcité

Jean Baubérot, *Les sept laïcités françaises*, Paris, Éditions de la Maison des sciences de l'homme, 2015.

Jean Baubérot, *La laïcité falsifiée*, Paris, La Découverte, 2014.

Jean Baubérot, *Une si vive révolte*, Ivry-sur-Seine, Éditions de l'Atelier, 2014.

Dounia Bouzar, *Laïcité, mode d'emploi*, Paris, Eyrolles, 2010.

Pierre Dhareville, *La Laïcité n'est pas ce que vous croyez*, Ivry-sur-Seine, Éditions de l'Atelier, 2013.

Jean Picq, *La Liberté de religion dans la République*, Paris, Odile Jacob, 2014.

Ouvrages sur la non-violence

Gandhi, *Tous les hommes sont frères*, Paris, Gallimard, coll. « Folio », 1990.

Gandhi, *La Voie de la non-violence*, Paris, Gallimard, coll. « Folio », 2005.

Nelson Mandela, *Un long chemin vers la liberté*, Paris, Le Livre de Poche, 1996.

Martin Luther King, *Révolution non violente*, Paris, Payot, 2006.

Ouvrages sur le vivre ensemble

Izzeldin Abuelaish, *Je ne haïrai point*, Paris, J'ai lu, 2012.

Christian Delorme, Rachid Benzine, *Nous avons tant de choses à nous dire*, Paris, Albin Michel, 1998.

Mehrézia Labidi-Maïza, Laurent Klein, *Abraham, réveille-toi, ils sont devenus fous*!, Ivry-sur-Seine, Éditions de l'Atelier, 2004.

Andrea Riccardi, *Vivre ensemble*, Paris, Desclée de Brouwer, 2007.

Ouvrages sur l'islam ou les musulmans

Abd al Malick, *Qu'Allah bénisse la France*, Paris, Albin Michel, 2014.

Claude Askolovitch, *Nos mal-aimés*, Paris, Grasset, 2013.

Pascal Boniface, Médine, *Don't Panik*, Paris, Desclée de Brouwer, 2012.

Raphaël Liogier, *Le mythe de l'islamisation*, Paris, Seuil, 2012.

Christian Van Nispen Tot Sevenaer, *Chrétiens et musulmans*, Ivry-sur-Seine, Éditions de l'Atelier, 2009.

Ouvrages sur les religions

Joseph Boyer, Patrick Colle, Joseph Herveau, Laurent Klein, Mehrézia Labidi-Maïza, *Les Religions, Modes de vie, modes d'emploi*, Ivry-sur-Seine, Éditions de l'Atelier, 2011.

Marcel Gauchet, *Le désenchantement du monde*, Paris, Gallimard, coll. « Folio », 2005.

Ouvrages généralistes

Régis Debray, *Le moment fraternité*, Paris, Gallimard, coll. « Folio », 2010.

Christian de Boisredon, *L'espérance autour du monde*, Paris, Pocket, 2004.

Laurent de Cherisey, *Recherche volontaire pour changer le monde*, Paris, Presses de la Renaissance, 2008.

Jean-Claude Guillebaud, *Une autre vie est possible*, Paris, L'iconoclaste, 2012.

Edgar Morin, *La Voie*, Paris, Fayard, 2012.

Ouvrages anglophones

Susan Katz Miller, *Being Both*, Boston, Beacon Press, 2014.

Eboo Patel, *Acts of Faith*, Boston, Beacon Press, 2010.

Eboo Patel, *Sacred round*, Boston, Beacon Press, 2013.

Eboo Patel, *Embracing interfaith coopération*, New York, Morehouse Education Resources, 2013.

Eboo Patel, Patrice Bordeur, *Building the interfaith youth mouvement*, New York, Rowman & Littlefield, 2006.

Chris Stedman, *Faitheist*, Boston, Beacon Press, 2012.

Ouvrages spirituels

Christian de Chergé, *L'invincible espérance*, Paris, Bayard, 2010.

Christian de Chergé, *Le Verbe s'est fait frère*, Paris, Bayard, 2010.

Christian de Chergé, *Lettres à un ami fraternel*, Paris, Bayard, 2015.

Frère Roger, *Vivre l'aujourd'hui de Dieu*, Taizé, Presses de Taizé, 2013.

Frère Roger, *L'Unité, espérance de vie*, Taizé, Presses de Taizé, 1962.

REMERCIEMENTS

Merci à mes parents pour leur transmission dont le droit fil conducteur me semble avoir été : « un œil sur l'Évangile, un œil sur le journal ». Merci pour leurs convictions toujours éclairées par une ouverture bienveillante et confiante sur le monde d'aujourd'hui. Merci pour les choix qu'ils ont fait, me permettant d'élargir mes horizons dès mon plus jeune âge.

Merci à sœur Monique, directrice de mon école primaire Saint-Charles pour son incroyable ouverture d'esprit et le génie de sa pédagogie interculturelle pour des enfants en bas âge.

Merci aux Scouts et Guides de France, à mes chefs scouts, à mes camarades louveteaux, mousses, pionniers. Merci à la maîtrise qui m'a accompagné à Londres en 2007 pour le jamboree mondial du scoutisme. Merci à l'équipe nationale de ce mouvement hors du commun qui continue de m'enthousiasmer sept ans après mon départ. Merci en particulier à Antoine Dulin. Merci pour cette contagion de l'engagement, de la rigueur, de la persévérance et de la solidarité.

Merci au père Jean-Marie Petitclerc pour sa confiance en m'accueillant comme stagiaire au sein de l'association Le Valdocco dans les quartiers d'Argenteuil en juin 2007.

Merci à Jean-Baptiste Fourtané qui m'a confié ma première responsabilité associative en me demandant d'être chargé de communication numérique du Festival de Pâques.

Merci au lycée Notre-Dame de Sion pour son engagement fidèle au service du dialogue judéo-chrétien. Merci aux professeurs et historiens qui ont encadré mon premier voyage à Auschwitz en novembre 2008. Merci au père Jean Dujardin pour son exemplarité et sa fidélité dans la rencontre avec le peuple juif.

Merci à Sarah et Missiva pour nos profondes conversations dans le train du retour de Pologne.

Merci à Simon Cahen, Fanny Seroka et tous les autres jeunes qui répondaient comme moi à l'invitation de notre voisin imam dans la mosquée de la rue de Javel.

Merci au père Bruno Lefevre Pontalis, à Rivon Krygier, à Mohammed Ben Ali et à Laurent Grzybowski, mon père, pour leur confiance et la parole donnée un 14 janvier 2009 me permettant d'appeler d'autres jeunes à créer Coexister avec moi.

Merci à Maxime Lemerse et Christine Grzybowska, ma mère, pour la gratuité de leurs services créatifs, pour la création de la première identité visuelle de Coexister, pour leur goût de l'esthétique et du beau.

Merci à Margot, Hana, Réda, Youssef, Abderrahmane, Constantin, Camille, Tiphaine, Marie-Aude et Tristan pour avoir répondu présent au premier appel lancé dans un théâtre parisien pour créer Coexister.

Merci à Benjamin, Farah, Haykel, Chloé, Thibaut, Soufiane, Marine, Josselin, Atef, Alaume, Claire, Victor, Karim-Pierre et Ilan pour leur engagement durable et fidèle pendant plusieurs années au service de Coexister et de son développement.

Merci à Christophe, Amélie, Rémi, Tiphaine, Emna, Nabila, Thomas, Lorène, Églantine, Samir, Marie, Belsame, Alison, Mehdi, Emmanuel et tous les autres créateurs ou leaders des trente groupes locaux de Coexister de 2009 à 2015.

Merci à Victor, Josselin, Ismaël et Ilan, mes camarades de tour du monde. J'ai appris avec eux l'amitié dans l'épreuve.

Merci à Samir, Lucie, Léa et Ariane d'avoir mené à son terme la deuxième édition du tour du monde InterFaith Tour. Qu'ils transmettent le flambeau à d'autres explorateurs.

Merci à Radia, Farah et Ilan pour la promesse d'un engagement national au service de la coexistence active après mon départ de la présidence.

Merci à Emmanuel Michel, premier délégué général de l'histoire de Coexister qui depuis le 1er juillet 2015 s'emploie à rendre durable et pérenne tous les efforts produits en sept années associatives.

Merci à Jay-Z, Disiz et Gaël Faye, trois rappeurs, trois pays, trois énergies, trois sources d'inspiration et de motivation qui n'ont besoin que de moi pour appuyer sur play et profiter de la poésie qu'ils nous offrent.

Merci aux adultes qui ont joué pour moi le rôle de « passeurs ». Ils ont répondu à l'urgence de transmettre. Merci en particulier à Christophe Roucou, Christian Delorme, Inès Azaïs, Omero Maronghiu, Mehrézia Labidi-Maïza, Laurent Klein, Delphine Horvilleur, Mahmoud Azab, Patrice Brodeur, Edwy Plenel, Monique Beunardeau, Béatrice Boukris, Karen Allali, frère Étienne, Éric Vinson, Marine Quenin, Anne-Laure et Frédéric Pascal, Arnaud Alibert, Richard Amalvy, Philippe Lamberts, Jean-Claude Mallet, Léonor Lopes Gil, Christian de Boisredon, Jean-Louis Bianco, Nicolas Cadène. Merci à eux pour leur amitié.

Un merci particulier au cardinal Roger Etchegaray qui n'a jamais perdu l'habitude de m'écrire ou de m'appeler pour prendre des nouvelles depuis sa Rome chérie ou son Espelette natale. Merci à lui pour sa capacité à porter dans son corps, son regard et ses paroles le poids du témoignage d'une vie entière au service des autres et de l'unité.

Merci à mes frères Théophile, Augustin et Raphaël avec qui j'ai appris à constituer mon premier noyau de coexistence active. Merci pour leur affection visible et fidèle.

TABLE DES MATIÈRES

Achevé d'imprimer par Normandie Roto Impression s.a.s.
61250 Lonrai
N° d'éditeur : 6468 – N° fab. : 6693 – N° d'imprimeur : 1504395
Dépôt légal : octobre 2015

Imprimé en France